ナチ神話

フィリップ・ラクー＝ラバルト
ジャン＝リュック・ナンシー

守中 高明 訳

SHORAISHA
松籟社

LE MYTHE NAZI

by Philippe Lacoue-Labarthe
Jean-Luc Nancy

This book is published in Japan by arrangement with
les Editions de l'Aube, La Tour d'Aigues, through
le Bureau des Copyrights Français, Tokyo.

ナチ神話

一、本文中の［　］は、訳語に対応する原語、原語に対応する訳語、訳者による補足・註記を示す。
一、本文中の☆1……は原註を示し、＊1……は訳註を示す。
一、原文中のイタリック体は、本文中では傍点を付して表記した。
一、原文中の大文字で始まる語は、〈　〉で括り、（　）はそのまま（　）とした。
一、本文中、及び引用文中の［……］は、著者による「中略」「以下略」「前文略」を示す。
一、本文中の引用文献の訳出に際しては、原則として著者自身によるフランス語引用文献に即した。邦訳のある文献については読者の便のために邦訳書名、頁数等々を註のなかに併記した。また、アルフレート・ローゼンベルク『二十世紀の神話』（吹田順助＋上村清延訳、中央公論社、一九三八年）、アドルフ・ヒットラー『わが闘争』（平野一郎＋将積茂訳、角川文庫、二〇〇一年改版）については、本文中に邦訳頁数を併記したが、訳文は著者の引用に即した。参照させていただいた訳者の方々に感謝する。

ナチ神話

序言

このテクストの最初のヴァージョンの日付は十一年前に遡る。第二のヴァージョンが書かれたのは三年前、合州国での出版のためであった。この度のオーブ社からの出版に際して、テクストは軽度に見直され、変更された。

一九九一年の今日においては一九八〇年の時点にもまして、『ナチ神話』と題された研究は、何よりもまず歴史研究への関心を表わしているように見えるかもしれない。むろん、われわれの期するところはそれとは全く違う。そもそもわれわれは、このテクストの最初の機会からして、自分たちがしているのは歴史学者としての仕事ではなく、哲学者としての仕事なのだということを強調しておいた。そのことが意味しているのは、なかんずく、この仕事の賭札の数々が過去の中にではなく、現在のうちにこそあるということだ（とはいえ、われわれが歴史の召命をこのように単純化してしまうのは明晰性を配慮してのことである……）。いったいどのようにしてその賭札はわれわれの現在のうちにあるのか？　これが、ここで簡潔にわれわれが述べてみようと思うことである。

一般的に言って、われわれの現在は、そのナチ的およびファシズム的近過去から免責されているどころではなく、それは、そのいっそう近いスターリン主義的あるいは毛沢東主義的な過去から免責されていないのと同断である（そしておそらく、事を仔細に検討してみれば、後者に関してよりも前者に関して、われわれには解明すべき点が多く残されているということさえもが見て取れるだろう――、少なくとも、後者は「われわれ」の西側ヨーロッパにおいて産み出されたものではない）。

このようにして、いくつかの釈明すべき事柄を、そして理解すべき事柄をわれわれがあいかわらず有しているだろうということ、記憶や意識＝良心〔conscience〕や分析の負債ないし義務をわれわれがあいかわらず抱えているだろうということ――この点については、われわれの同時代人の大半が意見を同じくしてはいる。けれども、その理由や目的はかならずしも充分に明解ではないし、充分に納得のいくものでもない。人々は、起こり得る回帰現象を前にして警戒心に訴える――それが「もう二度とあんなことは！」という言葉の動機である。そして事実、ここ数年来の極右諸勢力の活動ないし扇動や、〈ショアー〉に関する「歴史修正主義」の現象、旧‐東ドイツにおけるネオ‐ナチ諸集団が容易に台頭している様子、東京からワシントンへ、そしてテヘランからモスクワへ至るまでの、あらゆる種類の「原理主義」やナショナリズムや純粋主義――こうしたことすべてが、まさしく件の警戒心を命じてくるのである。

にもかかわらず、慎重な立場なら、こうした警戒心がもう一つの警戒心に裏打ちされたものであることを、つまり、「回帰」に属さない事柄や、安易に「反動」と見なされるがままにもならないような事柄に対する警戒心に裏打ちされたものであることを望むだろう。単純な回帰や反復などというものは、歴史上、存在しないとは言わないまでもきわめて稀なのである。しかも、ハーケンクロイツを着用したり書き込んだりするのがおぞましいことだとしても、そうした振舞いはかならずしも（正確を期そう――そうした振舞いはそうであるかもしれないが、しかしかならずしも）ナチの真の、根強く、危険な復活の兆しであるというわけではない。

それらはただ単に脆弱さに、あるいは無力さに属しているに過ぎないかもしれないのである。そうではなく、別種の反復があるのだ。そもそもそれとしては気づかれずにいるかもしれず、その明白さがはるかに目立たず、その歩みそのものがはるかに錯綜していて隠微であり——そしてだからといってその危険がリアルでないというわけではない、そんな別種の反復が。

これこそがまさに、神話に訴える、すなわち、新たなる神話のあるいは新たなる神話的意識の必要性に訴え、でなければ古いさまざまな神話の再活性化に訴える、そんなあれらすでに夥しく存在している当代の諸言説の症例であるのかもしれない。これらの言説は、「神話」という言葉をつねに用いるとはかぎらず、神話的機能を考慮する明示的ではっきりした論法をつねに展開するともかぎらない。[☆1] だが、「時代の空気」の中に、何か共同体の存在ないし運命の表象のようなもの、形象化、それどころか血肉化のようなものへの密かな要求あるいは期待が存在しているのである（この共同体という名そのものが、それだけで、すでにそのような欲望を目覚めさせるように思われる）。ところで、ファシズム一般がみずからを過剰に養ってきたのは、まさにそうした象徴的同一化（あるいは人それぞれが選択する語彙にしたがって「想像的」と言ってもよい——いずれにせよ、諸々のイメージ、象徴、物語、形象による、そ

☆1　政治的に両義的な、あるいは両価的な神話の利用に関しては、初期ドイツ・ロマン主義者たちまで伝統を遡ることができようし、より近代的かつより限定的な仕方では、ジョルジュ・ソレルまで遡ることもできよう。われわれの同時代人について言えば、さまざまな署名のもとで行なわれる神話への訴えの例を挙げることができるが、ただし、その政治的意図を推測することは問題外である。たとえば、つぎのように書くエドガー・モランを見られたい――「人間がパンのみによって身を養うものでないのと同様に、社会も経営管理によってのみ身を養っているわけではない。それは、希望や神話や夢によってもまたその身を養っているのである。［……］個人の完全な成熟はさまざまな共同体や連帯を必要とする［……］――それも、真の連帯を、すなわち、強制されたのではなく、友愛として内的に強く感じ取られ生きられた連帯を」（《Le grand dessein》, *Le Monde* du 22 septembre, 1988, pp.1-2）。ある意味で、人はこの種の物の言い方には同意することしかできない。しかし、神話の、そしてこのようにして「生きられた」同一化の諸カテゴリーは、はたしてリスクなきものだろうか？　人はまた、セルジュ・ルクレールの最近の例を参照することもできるだろう――彼は「フロイト派の施設の数々にふさわしかろう建築様式」と考えられた「一つの神話構造」のおかげで、「出会いの二者の中間に［……］社会－政治的領界における位置と機能」を与えることを提案している（*Le pays de l'autre*, Paris, Seuil, 1991 ――裏表紙）。人はまた、ドイツにおいてもさまざまな例を――とりわけマンフレート・フランクにおいて――取りあげることができるだろう。

してまたそれらを身に纏ったり誇示したりするものの現前による同一化）によってなのだ。[☆2] すなわち、ナチズムとは、この点に関して言えば、われわれがそのことを証明したと考えているように、そのような同一化を促す機能の根本的諸性格の顕在化を表現しているのである。

可能なかぎり、われわれは事を単純化するのを避けたいと考えている。問題なのは——人々が反−全体主義の衝迫に促されて、つまり、ある種の民主主義的思考様式のそれ自体としては非の打ちどころのない衝迫に促されておそらく過度にそうしてきたように——、一方におけるファシズムの諸体制に固有の神話的形象化作用と他方における民主主義の本質特徴としての表象＝上演不可能性とを対立させることではない。（同様に、おそらく、「映像文明」を非難してそれを言説文化に対立させることもまた的確ではない。）われわれは反対に、民主主義はみずからの「形象」の問いを提起する、あるいは今後提起せねばならないと考える——それはなにも、この問いが神話への依拠の問いと混同されてしまうという意味ではない。[☆3] つまり、われわれの考えるところでは、共和制（さしあたりわれわれはそれを民主主義と区別しないでおくつもりだ）の最高の美徳として、あらゆる同一化の断念を肯定しておくだけでは事は充分ではないし、再検討に恒常的に身を晒すことを、つまりは、今日かなり頻繁に起きていることだ

☆2　つぎの引用を一つだけ挙げる。参照されたい――「民主主義の大きな不幸は、国民からさまざまなイメージを奪ってしまったこと、つまり、愛すべきイメージの数々を、尊敬すべきイメージの数々を、讃えるべきイメージの数々を奪ってしまったことにある――二〇世紀の〈革命〉はそれらを国民に再び与えたのだ」(**Robert Brasillach, 《Les leçons d'un anniversaire》, *Je suis partout* du 29 janvier 1943**)。

☆3　民主主義の形象化可能性の問い、したがってその「モデル」の模倣可能性の問いは、人々がそう考えるかもしれないほど新しいものではない。ある作家――というのはモーパッサンのことだが――が、一八八〇年に、ナポレオン三世にわが身を似せようと工夫するあの内閣職員の物語を創出(あるいは取材……)することができたのは偶然ではない。この職員にとって、しかし「共和制が到来したのは一つの災厄であった〔……〕。彼もまた意見を変えた――、だが、共和制は人がその真似をすることができるような手で触れられる生身の人物ではないし、大統領が入れ替わり立ち代わりすばやく後を継いでいくので、彼はこの上なく残酷な困惑の中、ひどい悲嘆の中に落ち込み、その最後の理想たるティエール氏を目指して行なった試みが不首尾に終わった後は、ありとあらゆるその模倣の欲求の中に立往生してしまったのだった」(**《Les dimanches d'un bourgeois de Paris》, *Contes et nouvelles*, Paris, Albin Michel, 1956, t.1, p.285**)。すべてがここにある。すなわち、モデルなき民主主義が、あるいは嗤うべきモデルをそなえた民主主義が――それでいて、さまざまなモデルの猿真似というグロテスクが。

が、告白されたと同時にその権利回復を要求されたある種の内奥の脆さ――民主主義への敵対者たち、そしてただちに一七八九年と啓蒙思想の全遺産への敵対者たちはそれを利用せずにはいない――を肯定しておくだけでは、事は充分ではないのである。

そうすることは、世界の「民主主義諸国」のうちで最も重要な国が「新世界秩序」の保証人（国家の元首や国旗、軍隊、そしてイメージ系列において同一性を確定された）の役割を買って出ており、その一方で、自己同一性および形象に関するありとあらゆる種類の権利回復要求ないし主張――元首たち、ナショナリティ、民族［peuples］、共同体の数々――が、その「秩序」にすがりつきあるいはその「秩序」の庇護のもとにひしめき合うのを（あるいは同時にその二つのことを）やめない、そんなときにはなおのこと充分ではない。

それらの権利回復要求が、つまるところ一個の正統性ないし一個の伝説に依存するものであるということ――そのことは、たぶん本質的な点ですらない。というのも、伝説はどれも正統性を産み出すことができるし、正統性はどれも伝説的なものであり得るからだ。いったい誰に、一つの「民族」を基礎づけている権利が「実のところ［＝根底において］」何に存しているかを言明することができようか？　そうではなく、要点は、同一化の操作が何に存しているかを知ることにあるのであり、また、今日、新たに同一化の操作が腐心しているにちがいないのは、確かに一個の神話を作りあげることになのかどうか――、あるいは逆に、国民的、大衆的、倫理的および美学的諸効果をともなった神話的機能こそは、政治が今後それに対抗して再創出されるべきところのもの（そこには政治がおそらく「形象的なるもの」の領界において要請しているものも含まれる）なのではないかどうかを知ることにあるのだ。

ナチズムにはおそらく、いったいどうして現代世界が「民主主義」の内部にみずからの同一性を確定するに至っていないかを――でなければ、件の民主主義なるものの同一性を確定するに至っていないかを――われわれに明らかにする必要がいまだにある。同じことは、別の仕方によってであれ、件の「技術」に関してもまたあてはまる。すでに一世紀以上前から、この世界はこの二つのものを、もはや自分の作品ではないような歴史（もはや〈人類の進歩〉だの〈理性的社会の創設〉だのといった神話ではないような歴史）の必然、したがってもはや歴史ならざる歴史の、つまり、もはや出来事も到来ももたらしはせず、もはや端緒や始まり、誕生あるいは再生をもたらすことはない、そんな歴史の必然として受けとめているのである。

ところで、神話とはきまってある出来事のそしてある到来の神話、すなわち絶対的で創設的な〈出来事〉の神話であった。神話によって生きかつ神話の内部で生きてきた諸々の社会は、ある構成的な（もしこの言い方が逆説的でなかったら「構造的な」と言わねばなるまい）出来事性の次元で生きてきたのである。神話が求められるところでは、欲望されているのは出来事なのだ。しかし、ナチズムがわれわれにおそらく教えてくれるのは、出来事とは造られるものではないということである。神話をそなえた諸社会はかつて一度もみずからの基礎を造ったことはなかったし、計算したことも構築したこともありはしなかった。すなわち、太古＝非記憶的なるものこそが諸神話の内在的特性だったのである。太古＝非記憶的なるものは造られない——それはまた、来たるべきものでもあるのである。

われわれに欠けているもの（そう言うのは、われわれには何かが欠けているからだ。われわれには政治的なるもの［le politique］が欠けている——われわれはそのことを否定しない）、それはしたがって、いくぶんかの神話を造るための素材でもなければ、諸形式でもない。そうするためならば、いつでも充分ながらくたが、危険であるのと同じくらい貧しい自由に使える充分なイデオロギー上のキッチュが揃っている。そうではなく、われわれがし損なっているのは、出来事を識別することなのだ——われわれの未来がそこにおいて真に始まる諸々の出来事を。それらの出来事は諸神話への回帰において産み出されてくるものでは断じてない。われわれはもはや、起源の次元の中にも起源の論理の中にも生きてはいない。われわれが存在しているのは歴史的遅れの中、歴史的事後性の中になのである。このことは、遅れの極限が新しさの先端でもあるということと相容れないわけではない。われわれが思考するべく要求されているのは、まさにそうしたことである。

Ph.L.-L.　&　J.-L.N.　一九九一年七月

ナチ神話

状況

1　以下に読まれるテクストは、もともと、一九八〇年五月七日、シルティクハイムで、「ホロコーストに関する調査委員会」によって組織された「ファシズムのメカニズム」についてのコロキウムにおいて行なわれた比較的短い口頭発表であった。このテーマによって規定された枠組みの中でわれわれが提出しようとしたのは、一つの図式以外のものではなく、その図式は諸々の分析のため、さらに他のさまざまな展開を要求する分析のためのものであった。☆4 ここに新たに提出するに際して、われわれはテクストに若干の変更を加えたが、それでもこれが依然として図式的なものであることに変わりはない。

2　われわれは歴史学者ではない――ましてやナチズム研究を専門とする歴史学者ではない。それゆえ、ナチズムの諸神話ないし、神話的諸要素についての事実に関する記述をわれわれに期待しないでほしいし、ゲルマン人特有のものであるととりわけ見なされている古い神話的素材の総体のナチズムによる発掘および利用についての記述といったものもまた期待しないでほしい。

そうしたことを期待しないで欲しい――それは、無知であるのはもとよりだが（われわれは当時の膨大で単調な文学をほとんど読んでいない）、われわれがそのような現象を相対的に表面的で二義的なものであると考えているだけに、なおのことそうなのだ。つまり、あらゆるナショナリズムと同様に、ナチズムは、自己のものだと見なしていた伝統の中から、すなわちドイツの伝統の中から、一定数の象徴的要素を汲み上げたのだが、それらのうちで本来的に神話的であるような諸要素が唯一のものであるわけではないし、おそらくは、それらの要素が最も重要だというわけでもないのである。換言すれば、あらゆるナショナリズムと同様に、ナチズムは、ドイツのあるいはより広くゲルマン圏の（さらには一つのゲルマン主義に併合しようと人々が試みていたかもしれない）歴史‐文化的伝統を、ある懐古趣味的様態において宣揚したのである。しかし、この宣揚――それはまた、民間伝承や *Volkslied*〔民謡〕、ロマン主義以降の土着的イメージ系列やハンザ諸都市、反ナポレオン派学生「同盟」（*Bünde*）、中世的ギルド、〈騎士団〉、〈神聖帝国〉等々をも復活させるものだ――において、ヴァーグナーほか何人かの存在にもかかわらず久しく顧みられることのなかった神話体系（たとえばエルダやオーディン、

☆4　フィリップ・ラクー＝ラバルトはそのような展開を *La fiction du politique*, Paris, Bourgois, 1988〔浅利誠＋大谷尚文訳『政治という虚構』藤原書店、一九九二年〕および *Musica ficta (figures de Wagner)*, Paris, Bourgois, 1991〔谷口博史訳『虚構の音楽――ワグナーの肖像』未來社、一九九四年〕において示し、ジャン＝リュック・ナンシーは *La communauté désœuvrée*, 1986（2e édition, 1988）〔西谷修＋安原伸一朗訳『無為の共同体――哲学を問い直す分有の思考』、以文社、二〇〇〇年〕および *La comparution*（Avec Jean-Christophe Bailly）, Paris, Bourgois, 1991〔大西雅一郎＋松下彩子訳『共出現』、松籟社、二〇〇二年〕において提出した。なお、われわれのこのテクストのアメリカ版は、*Critical Inquiry*, University of Chicago Press, Winter 1989 に発表された。

ヴォータン[*1]についてのそれ）が重要であり得たのは、ほとんど何人かの知識人や芸術家にとってのみ、厳密に言えばある種の教師ないし教育者にとってのみであった。要するに、この種の宣揚には何ら特別なところはないのだ（ペタン統治下のフランス国家によるジャンヌ・ダルクの宣揚も同断である）。ところが、ここでわれわれの関心の的たるべきなのはナチズムの特殊性である。しかもその特殊性は、つぎのような仕方でわれわれの関心を占めるものでなければならぬ。すなわち、ある神話体系を問題化すること、その怪しげな威光とその「霧」を問題化することが、時としてそうしたことが起きてしまうように、分析を回避するための安易な便法として、そして実のところ時間稼ぎの（しかもいくぶんか人種主義的な、あるいは少なくともありきたりの意味で反-ドイツ的な）手段としてはたらくといったことのないような仕方で。

だから、われわれはここでナチズムのさまざまな神話、複数の神話について語るつもりはない。そうではなく、われわれが語るつもりなのはもっぱらナチズムという神話について、あるいはそれとしての国民-社会主義の神話についてである。それはつまり、さまざまな神話を用いているにせよ用いていないにせよ、本来的に神話的な次元、機能、および保証において国民-社会主義がみずからを構成する仕方について、ということだ。

だからこそまた、われわれはナチズムのさまざまな神話をまさに過小評価しないよう用心するつもりである——すなわち、ある極度に繊細な批判的分析（ロラン・バルトのそれ）が、社会学とマルクス主義（ブレヒト的な）と記号学の道具を一緒に用いることによって、フランスのプチブル階級の社会‐文化的無意識を最近まで構造化していたさまざまな神話素を解体し得た、というような意味＝方向性においては。ナチズムのような拡がりと巨大な規模をそなえた現象を前にしては、その種の分析は厳密にいかなる利点も持たないだろうし、賭けてもよいが、いかなる妥当性をも持ちはすまい。[☆5]

3　ナチズムにおいてわれわれの関心を惹いていること、そして、われわれの注意を引きつけることになるであろうこと——それは本質的に、ハンナ・アーレントが全体主義的システムについてのその試論の中でこの語を定義した意味におけるイデオロギーである。それはつまり、「歴史の運動を唯一無二にして整合的なる一つのプロセスとして説明することを可能にする」

＊1　ヴォータン **Wotan**（ないしヴォーダン **Wodan**）はゲルマン神話の主神で、詩と知および戦いの神にして魔術にたけた亡霊の王（オーディン **Odin** はその北方名。ローマ神話のマーキュリーに相当するとされる）。エルダ **Erda** は予言能力をそなえた知の女神。いずれも『ニーベルングの指輪』の主要登場人物。

ようなある観念をそなえた、全体的に完成される（そして全体的完成への意志に属する）論理としてのイデオロギーということだ。☆6「歴史の運動とこのような観念の論理的過程は」――とアーレントはさらに述べている――「互いに逐一照応し合うと見なされており、その結果、生起することはすべて一つの観念の論理に従って生起するのである」。

別の言い方をするなら、われわれの関心を惹いており、またわれわれの注意を引きつけることになるであろうこと――それは、一方において、つねに世界の政治的説明〔explication〕の役割を買ってでるかぎりにおけるイデオロギー、すなわち、ただ一つの概念――たとえば人種概念、あるいは階級概念、さらには「全人類」という概念――から出発して行なわれる、歴史の（あるいはこう言ったほうがよければ *Weltgeschichte* ――「世界史」という意味においてよりもむしろ「歴史としての‐世界」、すなわちある過程によってのみ、そしてその自己‐正当化する必然性によってのみ作られる世界という意味において理解された *Weltgeschichte* の）説明の役割を買ってでるかぎりにおけるイデオロギーであり、他方において、世界のそのような説明ないし概念（*Weltanschauung*、すなわち世界のヴィジョン、直観、包括的把握――やがて見るように、それは国民‐社会主義が大いに利用した術語だ）が全体的な説明あるいは概念たらんとするかぎりにおけるイデオロギーである。この全体性なるものが意味しているのは、少なくとも、哲学のさまざまな思考とは反対に、説明が議論の余地なきものであり、余すところなくかつ過つことなきものである、ということである——その説明は、にもかかわらずみずからの手立ての大部分をぬけぬけと哲学の思考から汲み上げており、けれどもその手立てが行な

☆5　さらにつけ加えるなら——バルトの言う意味における諸「神話体系」の解体は、今日では、それらの神話体系を分泌する同じ「メディア」によって伝播される日常的文化の不可欠の構成要素と化してしまったのかもしれない。一般的に言って、「神話」や「イメージ」、「メディア」、そして「見せかけ」を告発することは、今や、さまざまなメディアからなる——そのイメージの数々やその見せかけからなる——神話的シムテムの一部となっているのである。それは結局、本当の神話は——仮にそれが一つだけあるとすれば——、すなわち、それへの加担と同一化が生じているような神話は、もっと狡猾な引きこもりの中にあり、その場所からこそ、その神話がおそらく全情況《シーン》を組み立てているということだ（必要とあらば、神話の数々の告発という神話として……）。同様に、これから見ることになるが、ナチ神話は、限定的な神話学的諸形象からは、すなわち、他の諸形象と同じくゲルマン的神話体系の諸形象からは引きこもったところにある。

☆6　*The origins of totalitarism*（tr. fr. par J.-L. Bourget, R. Davreu, P. Lévy, Paris, Seuil, 1972, p.217）［大久保和郎＋大島通義＋大島かおり訳『全体主義の起原・3』、みすず書房、一九七四年、二八五頁］。

う問いかけのきわどく問題含みのスタイルこそが――ハンナ・アーレントの言うようにその「危うさ」が――その手立てを性格づけているのだが。(その結果、そもそも、哲学は哲学を要請するイデオローグたちによって退けられると同時に、「知性」なるものの不確かさと小心な躊躇いへと送り返されてしまうことになる――ナチズムの、そしてナチズムにおける哲学者たちおよび/あるいはイデオローグたちの辿った歴史は、この点に関してかなり明白である。[☆7])

ここでは、こうして全体的な ***Weltanschauung*** として抱懐されたイデオロギーが、「全体的支配 [domination totale]」とハンナ・アーレントが呼んでいるものに対して、つまり何よりもまずカール・シュミットが、本来的にファシズム的な言説(ムッソリーニおよびジェンティーレのそれ)と「総動員 [mobilisation totale]」というユンガーの概念(それは全体的かつ世界的潜勢力としての技術について最初の定義を与える任を負ったものだ)とを同時に拠りどころとしつつ全体国家 [*l'Etat total*] と呼んでいたものに対して、いったいどのような諸関係を持っているかということを厳密に示さねばなるまい。

さらにまた厳密に示さねばなるまいのは、いかにして全体国家なるものが実際には国家‐主体として理解されるべきものであるかということであり(この主体は、事が国民《ネーション》に関わっていようと、人類、階級、人種、あるいは党に関わっていようと、絶対的主体である、あるいはそうであろうとする）、したがって、最終審級において、イデオロギーが結局のところその真の保証人を見出すのは近代哲学の中、ないし完成された〈主体〉の形而上学の中にであるということ、つまりは、自己現前する主体性としての、すなわち表象や確信や意志の支え、源泉、目的としての存在についての（そして／あるいは生成についての、歴史についての）あの思考の中にであるということである（だが同時に、イデオロギーと化す哲学というのがまた、時を同じくして、あの哲学の終焉にも関わっているということにも、正確に注意を喚起しておかねばなるまい――これについては、ハイデガーやベンヤミン、ヴィトゲンシュタインやバタイユが、多様な、しかし同時的な証言を残している）。

最後に厳密に示さねばなるまいのは、このようにして完成される観念のあるいは主体の論理は、まず始めに、ヘーゲルを通してそのことを見て取ることができるように、恐怖政治の論理（しかしながらそれは、それ自体としては本来の意味でファシズム的でもなければ全体主義的でもない）[☆8]であり、ついで、その最終的展開においてファシズムとなるということである。主体

☆7　この歴史については、Hans Sluga, 《Heidegger, suite sans fin》, *Le messager européen*, Paris, P.O.L., n°.3, 1989 を参照されたい。

というイデオロギー（この表現はおそらく冗語法にすぎない）――、それこそがファシズムなのであり、これはむろん今日にも妥当する定義である。われわれはこの点にも言及するつもりである。しかし、それが要請する論証がこの発表の限界を超えてしまうことは、あらためるまでもない。

　にもかかわらず、われわれが少しばかりこのモティーフに固執しようとするのは、実のところ、ナチズムが問題になる際に、性急で乱暴かつ多くの場合盲目的に行なわれる、非合理主義という糾弾に対するわれわれの警戒と懐疑を際立たせるためである。反対に、ファシズムの論理というものがあるのだ。それは、ある種の論理はファシズム的であるということを、そしてその論理が〈主体〉の形而上学における合理性の全般的論理に対してただ単に異質なわけではないということを、意味している。われわれがこのことを言うのは、ただ単に、時としてナチ・イデオロギーの内部において、また時としてナチ・イデオロギーについて一般的に認められている、ミュトスとロゴスというある種の対立措定、見たところ基礎的な対立措定が、実際にはどれほど複雑極まりないものであるかということを強調せんがためだけではない（この主題に関しては、とりわけハイデガーのいくつものテクストを再読する必要があるだろう[☆9]）。また、われわれがそのことを言うのは、ただ単に、ナチズムがあらゆる全体主義と同様、一つ

☆8　恐怖政治は、諸々の全体主義が、何にもましてナチズムが前提とするような全般的内在主義、すなわち、人種の――大地と血の――内在性がそこにおいてあらゆる超越性を吸収してしまうような内在主義に属するものではない――少なくとも完全な、明白な仕方ではそうではないし、また……近代的な仕方でも。恐怖政治の中にはある古典的超越性の要素（「国民」という、「美徳」という、そして「共和制」という）が残っているのである。しかし、正確な記述にとって必要不可欠なこの区別は、恐怖政治の名誉を回復することにも、内在性に対して超越性の権利回復を要求することにもつながるものではない。今日瀰漫しているそのような身ぶりは、それと反対の身ぶりとまったく同様に神話的なものないし事を神話化するものだとわれわれには思われる。実際には、われわれに必要なのは、そのような術語の対立措定ないし弁証法の外で思考することなのだ。

☆9　このリファレンスはつぎの二つの異なる展開を要求するだろう。すなわち、一方において、ハイデガーがそれを際立たせることを可能にしているようなミュトス／ロゴスという対《つい》の複雑性についての展開を、しかしまた他方において、ハイデガーが権利回復要求をしているような思考の神話的次元への関係、すなわち、彼のナチズムと明らかに無縁ではなかった関係についての展開を（われわれはさらに後でこの点に暗に言及するつもりである）。

の科学を、つまり全体化と〈全体〉の政治化によって科学というものを引き合いに出していたということを想起させるためだけでもない。そうではなく、われわれがこのことを言うのは、何よりもまず、なるほどファシズムの本質的構成要素の一つが大衆の、集合的感情であることを忘れてはならないにしても（そして、この感情はただ単に政治的感情なのではない――それは少なくともある程度まで、政治的感情の中でも革命的感情そのものである）、件の感情がつねにさまざまな概念に結びついているということもまた同じく忘れてはならないからなのである（そしてそれらの概念は、ナチズムの場合まさに「反動的」概念であるかもしれないが、それでもそれらが概念であることに変わりはない）。

この点において、われわれは今しも、単純な仕方で、『ファシズムの集団心理』におけるライヒのつぎのような定義を蘇らせたわけだ――「一つの革命的感情にみずからを結びつけるさまざまな反動的概念は、結果としてファシズム的心性をそなえることになる」。これは、この文章の字面においてもわれわれにとっても、あらゆる革命的感情がただちにファシズムへ運命づけられてしまうということを意味しているわけではなく、また「進歩的」だと見なされている諸概念がつねにそれ自体でファシズム化の汚染を免れているなどということを意味しているのでもない。おそらく問題なのは、そのつど、「神話を作り出す」方法、あるいは作り出さない方法なのである。

4　全体主義的諸イデオロギーの一般的現象の内部において、われわれがここでこだわるのは、国民－社会主義に特有の差異ないし固有の性質である。われわれがみずからを位置づけるつもりの構想において、この特殊性は、つぎの二つの言表から出発してごく古典的な仕方で照準化され得る――

一、ナチズムとは特有的にドイツ的なる現象である。

二、ナチズムのイデオロギーとは人種主義的イデオロギーである。

この二つの言表の結合から、人種主義はドイツ人の排他的専有物であるなどという結論を引き出すべきではもちろんない。人種主義的イデオロギーの諸起源においてフランス人やイギリス人の作家たちの占めていた位置は、充分に知られている。ここでもまた、事を単純化してかかるお手軽なドイツの問題化だの、ドイツの魂の、ドイツ民族の本質の、ゲルマン性の問題化等々といったことをわれわれに期待しないでほしい。事は反対なのだ。

なるほど、あるドイツ的問題が異論の余地なく存在したし、おそらくいまだに存在してはいる。ナチ・イデオロギーとは、この問題に対する完全に限定された、つまり、政治的に限定されたあるタイプの応答であった。そして、このイデオロギーそのものに対して、ドイツの伝統が、それもとりわけドイツ的思考の伝統が異質なものでは絶対になかったということは、まったく疑いを容れない。しかし、そのことは、その伝統に責任があるということを意味しているわけではなく、したがって、その伝統がまるごと断罪されるべきだということを意味しているわけでもない。ある思考の伝統とそこにみずからを刻み込みに——決まって不当に——やって来るイデオロギーとのあいだには、深淵があるのだ。ナチズムは、カントの中やフィヒテの中、ヘルダーリンあるいはニーチェ（ナチズムによって要請されたあらゆる思想家たち）の中には なく、究極的には音楽家としてのヴァーグナーの中にすらないのであって、そのことは、強制収容所がヘーゲルやマルクスの中にないのと同様である。あるいは、端的に、ルソーの中に恐怖政治はない。同様にして、それがどれほど凡庸なものであったにせよ（とはいえその凡庸さの度合いに応じてその醜悪さの全重量を計らねばならないが）、ペタン政治は、たとえばバレスやクローデルに無効を宣告するに充分な理由とはならない。唯一断罪されるべきなのは、故意に（あるいは漠然と、感情的に）何かあるイデオロギーに奉仕して、その背後に庇護を求め、あるいはその権力を利用しようとするような思考である。ナチズムの最初の十ヵ月間におけるハイデガー、占領下のセリーヌ、そしてその当時のあるいはそれ以降の（また他の場処における）他の数多の人々がそれである。

こうしてわれわれは、つぎのような正確を期すための言葉をさらにつけ加えるべく導かれることになる。すなわち、歴史が「ドイツ的なるもの」としてわれわれの手にゆだねた形象に特有の表情を際立たせることがわれわれに課せられているのだが、しかしながらそれと同様に、われわれの意図は、この歴史を一つの決定論——それが運命のモデルに従って理解されたものであれ機械的因果関係のモデルに従って理解されたものであれ——の所産として呈示しようとすることからは遠いものである、と。事態についてのこのようなヴィジョンはむしろ、そしてまさしく、われわれが分析したいと思っている「神話」に属しているだろう。われわれがここで提案しているのは、そのようなものとしての歴史の解釈ではない。われわれの時代はおそらく、神話的な思考、あるいは神話化する思考によってもはや汚染されていないような諸解釈をこの領域において進める方法を、いまだに持っていない。そのような思考の彼方においてこそ、歴史は、新たにそれとして思考されることを待っているのだ。

したがって、ここでの責務は、何よりもまず、いかにしてナチ・イデオロギー（われわれがこれからナチ神話として記述しようと試みるもの）が形成され得たかを理解すること、そして、より正確に言えば、なぜ全体主義のドイツ的形象が人種主義であるのかを理解することである。

このような問いに対して、政治的（ということは同時に技術的）実効性の観念に基づいた第一の回答が存在するが、それは要するに、たとえばつぎのような文章において、ハンナ・アーレントがその平均的表現を示しているものだ――

「十九世紀のさまざまな ***Weltanschauungen***［世界観］とイデオロギーはそれ自体において全体主義的だというわけではないし、人種主義と共産主義は、二〇世紀の決定的イデオロギーと化してしまったにもかかわらず、原則においては他のイデオロギー以上に「全体主義的」なわけではなかった。そうなってしまったのはなぜかと言えば、それは、それらの経験――世界支配のための諸人種間の闘争、さまざまな国における政治権力獲得のための階級闘争――がもともとそれに依拠していたところの諸原則が、他のさまざまなイデオロギーの原則よりも政治的に言って重要であることが明らかになったからなのである」[☆10]。

だが、この第一の回答は、なぜ人種主義がドイツ全体主義のイデオロギーであり、その一方で、階級闘争が（あるいは少なくともその諸ヴァージョンのうちの一つが）ソヴィエト型全体主義のイデオロギーである――あるいは、であった――のかということを説明してくれはしない。

そこから、われわれが第二の回答を示す必要が生じてくるのである――今度は国民‐社会主義に特有の、そして、われわれとしてはその中に神話という概念を可能なかぎり厳密に介入させることを試みるつもりである、そんな回答を。この回答は、その基本構造において、つぎの二つの命題に分節化され得るものである――

一、全体主義のドイツ的形象が人種主義であるのは、ドイツ的問題が根本的に同一性の問題だからである。

二、人種主義的イデオロギーが一つの神話の構築と混じり合ったのは、神話というものがある同一化の装置として定義され得るものだからである（そして、われわれがここで言わんとしているのは、そのようなものとして故意に、意図的かつ技術的に練り上げられたかぎりにおけるアーリア人神話のことである）。

以上が、簡潔に言って、われわれがここで論証を試みたいと思っていることである。

☆10　前掲書、p.218〔前掲『全体主義の起原・3』、二八六頁〕

神話的同一化

おそらく、何よりもまず、つぎのことを言明しておく必要がある。すなわち、十八世紀の終わり以来、神話が同一性の問いに対して取り結んでいる関係についてのおよそ最も厳密な省察が練り上げられたのは、ドイツの伝統の内部においてであり、それは他のどこにも見られないことである、ということを。

その理由は、まず第一に、ドイツ人が——なぜそうなのかは後で見るつもりだが——際立ってよくギリシア語を読みこなすから、そして、この問題、ないし神話に関するこのような問いかけが、ギリシア哲学から継承された非常に古い問題であるからだ。それもとりわけ、プラトンから。

周知のように、プラトンが政治的なるもの[*2]を構築したのは（そして同じ身振りによって、それとしての哲学的なるものの境界を画定したのは)、市民の教育学から、そしてより一般的に都市国家の象徴空間から、さまざまな神話およびそれらの神話に結びついている芸術の主要な諸形式を排除することによってであった。ミュトスとロゴスという、言葉の二つの用法ないし言説の二つの形式(あるいは様態)のあいだのきっぱりした批判的な対立措定の日付は、プラトンまで遡るのである。

さまざまな神話に関するプラトンの裁定は神話体系の神学的-道徳的分析に基づいている。すなわち、神話とはフィクションであり、このフィクションたるや神的なるものについて瀆聖的な嘘の数々を物語るものである。したがって、諸神話を修正し、不穏なる部分を削除する必要がある。つまり、あれらすべての父親殺しや母親殺しの、あらゆる種類の殺害の物語、強姦の、近親相姦の、憎悪の、そして裏切りの物語を諸神話から追放する必要がある、というわけだ。しかも、さらに周知のように、プラトンはこの矯正に、この整形外科的責務――それはし

＊2　「政治的[な]るもの le politique は、ここでは、ギリシア語のタ・ポリティカの翻訳であり、政治 la politique にかんする事柄の本質の方をさし示している」(フィリップ・ラクー=ラバルト『政治という虚構』、浅利誠＋大谷尚文訳、藤原書店、一九九二年、三四頁)。

たがって単なる排除ではない——に、ある種の執念を見せている。なぜか？　それは、諸神話が、伝統的教育においてそれらの演じている役割によって、つまりギリシア人の日常的実践における一般的準拠対象という性格によって、倫理的および政治的に悪しき態度ないし悪しき行動をもたらすからである。諸神話は社会的に有害なのである。

　こうして、われわれはわれわれの問いに触れることになる。というのも、諸神話の役割をこのように断罪することは、実際には人がそこに範例性という特有の機能を認めていることを前提とするからである。神話とは、強い意味におけるフィクション、つまり、能動的な意味における加工、あるいはプラトンの言うように、「形成術」である——したがって、それはあるフィクション構成作用〔*fictionnement*〕であり、その役割は、諸モデルないし類型《タイプ》（これもまたプラトンの語彙だが、それがどこでどのようにふたたび姿を現わすかはすぐに見るつもりである）を、すなわち、一個人——あるいは一都市国家、あるいは一民族全体——がそれを模倣することによって自分自身を把握し、みずからの同一性を画定することができる、そんな諸類型を提示する〔proposer〕——強制する〔imposer〕とは言わないまでも——ことにあるのである。

　換言するなら、神話が提起する問いとは擬態〔*mimétisme*〕の問いであるということだ——ただ擬態だけが同一性を保証することができるかぎりにおいて（擬態は、確かにあるパラドクシカルな様態においてそのことを行なうのである――だが、ここではその詳細に踏み込むことはできない[☆11]。プラトン的な整形外科術は、したがって、擬態をある理性的な、つまりは「論理的な」(ロゴスに適合した)振舞いに利すよう矯正することに帰着するのである。同様にして、なぜプラトンが芸術をも除去せねばならないか、つまり、その産出の様態ないし言表行為の様態のうちにミメーシス――これは本質的に、とはいえ排他的にではなく、劇場と悲劇に関わることだ――を伴うかぎりにおける芸術を、なぜ都市国家から追放し、規律正しく排除しなければならないかが理解される。そこから示されるのは、そもそも、神話の問題はつねに芸術の問題と分かちがたいということであり、それはなぜかと言えば、神話が一個の集団的創造物ないし芸術作品であるからというよりも、神話が、それを利用する芸術作品と同様に、一個の同一化の装置であるからなのである。神話とは、すぐれて擬態的[*mimétique*]な道具ですらあるのだ。

このような分析を、ドイツの伝統(古典文献学、美学、歴史的民族学等々における)は、

☆11　Ph. Lacoue-Labarthe,《Diderot, le paradoxe et la mimesis》, in *L'imitation des modernes*, Paris, Galilée, 1986 を参照。

これからわれわれが見るように、一つの決定的な要素をそれにつけ加えることによって、特別に歓迎することになるだろう。だから、たとえばトーマス・マンのような人物がフロイトを頌えるその言葉――それはナチスによるマンの糾弾を決定づけた――の中で（したがって「保守革命」のイデオロギーとの決裂の少し後で）、「神話の中にある生」を「引用からなる生」として分析しつつそのような伝統を取り戻すのを目にしても驚くべきではないのである。[☆12] たとえば、クレオパトラの自殺はイシュタール＝アスタルテーの神話のこれこれのエピソードを引用――つまりは模倣――している。同様に、おそらくナチズムについて書かれた最良の書物の一つである『ファウストゥス博士』[*3]が、まさしくこのような角度から考察された芸術の問いと神話の問いとをその中心的テーマとしている――あからさまに擬態的かつ闘争的なみずからの装置を問題とすることはなしに――のも驚くにはあたらないだろう。

そのことを言ったうえでだが、少なくともロマン主義以来のドイツの思考の一地層全体が、いったいなぜこの種の問題系に特権的な仕方で結びついたのか――それも、たとえばニーチェにおいて見られるように、その問題系を中心的問題系とするほどにまで？　そしてなぜ、この作業を通じて、この思考は――またしてもニーチェの表現に拠れば――「プラトニスムを転倒させる」ことに熱中したのか？　いったいなぜ、ナチ体制の広く公認されたイデオローグであるクリーク学長は「パルメニデス以来今日に至るまでの［……］ロゴスによる神話の抑圧」に戦いを挑むことを買って出たのだろうか？　また、いったいなぜハイデガーは――彼はそれでも国民‐社会主義に仕えることをかなり早く止めたわけだが（そしてクリークその人は彼に敵意を抱いていた）――「何世紀も前からかくも称揚されてきた理性こそは、思考の最も執念深い敵である」と口にすることができたのか？　あるいはさらに、〈歴史〉はその起源においては科学にではなく、神話体系に属しているのだ、と。

われわれがここで成し得るのはただ、ある困難で複雑な分析をごく図式的に分解して見せることだけである。その分析は、一つのきわめて明確な歴史的地層――諸心性の歴史、芸術と思考の歴史、そして政治的歴史のあいだの地層に関わるはずであり、この歴史的地層を、人は次善の策として、諸フィクション構成作用の歴史と呼ぶことができよう。

☆12　In *Noblesse de l'esprit*, tr. fr. F. Delmas, Paris, Albin Michel, 1960.［高田淑訳「フロイトと未来」、『トーマス・マン全集 第Ⅸ巻』所収、新潮社、一九七一年］

＊3　イシュタール Ishtar は、古代アジア神話における豊穣と戦いの女神。ギリシア神話のアフロディテーと混同された（アスタルテー Astarte はそのギリシア語表記）。

まず始めに、そして乱暴な仕方で表現するなら、つぎの事実がある。すなわち、キリスト教団の崩壊以来、ある亡霊がヨーロッパに憑きまとってきた――摸倣という亡霊が。それが意味しているのは何よりもまず、古代人の模倣ということだ。古代のモデル（スパルタ、アテネ、あるいはローマ）が、近代の諸国民国家［Etats-nation］の創設、およびその文化の構築においていかなる役割を演じたかは知られている。ルイ十四世時代の古典主義から一七八九年の古代風のポーズ、あるいは帝政期の新古典主義にかけて、ある政治的構造化の作業の総体が展開され、そこにおいて、国民的同一化［identification nationale］と、統治、行政、階層秩序化、支配等々の技術的組織化とが実現されるのである。[☆13] 歴史的模倣というものを政治的諸概念の数のうちに――マルクスがそもそもそのことを夢見たように――入れねばなるまいのは、この意味においてである。

模倣の虜となったこのヨーロッパの歴史において、ドイツの悲劇は、ただ単に細分化されているということだけではない――その程度たるや、よく知られていることだが、ドイツ語は存在するにしてもかろうじてであり、一七五〇年の時点ではこの言語においてはいまだいかなる「代表的」芸術作品（ルター訳の聖書でさえそのようなものと見なされるのは難しい）も誕生していなかったほどなのである。

ドイツの悲劇とはまた、この模倣を二番煎じ的に甘受し、フランスあるいはイタリアが少なくとも二世紀のあいだ絶えず輸出し続けているあの〈古代的なるもの〉の模倣を模倣するよう強いられているということでもあるのだ。換言するなら、ドイツはただ単に同一性を奪われているだけでなく、ドイツには同一性を画定するその手段の固有性が欠けてもいるのである。この視点からすれば、新旧論争がドイツにおいてあれほど遅くまで、つまり、少なくとも一九世紀の初頭まで尾を引いたということも何ら驚くに値しない。そして、ドイツ・ナショナリズムの台頭は、同一性を画定する諸手段の獲得＝自己固有化への長い歴史として完璧に記述され得るだろう（しかも、これはおそらく、さまざまな「保守革命」の内実を部分的に規定している

☆13　この時代を通じて、周知のように、ドイツは国家を持っていない。ドイツはむしろ、デュレンマットがつぎのように記述し得たものに対応している――「ドイツ人はかつて一度も国家を持ったことはなく、ただ聖なる帝国の神話を持っていただけであった。彼らの愛国心はつねにロマン主義的なもの、いずれにせよ反ユダヤ主義的なものであり、同時に敬虔で権威を重んずるものであった」（「愛国心について」（《Sur le sentiment patriotique》, *Libération*, 19 avril 1990――*Dokumente und Aussprachen*, Bonn, Bouvier, 1989に発表されたテクストの仏訳）。

ことであり、その際それらが「コスモポリタニズム」に対して抱いている憎悪を忘れてはならない）。

したがって、ドイツに欠けていること――それは実際には、その主体、あるいは自分自身の生成の主体であることなのである（そして〈主体〉の形而上学としての近代形而上学は、偶々ドイツにおいて完成されたわけではない）。それゆえ、ドイツが構築したいと望んだもの、それはそのような主体、自分自身の主体である。そこから由来するのが、ドイツの知的および美学的主意主義［volontarisme］であり、また一九三〇年代の直前にベンヤミンが、彼の目には表現主義がそれを代表していると映ったあのバロック期の谺《こだま》の中で一つの「芸術への意志［volonté］」として標定していたところのものである。ドイツ人の強迫観念ないし惧れがつねに、芸術家であることに辿り着けないこと、「偉大なる〈芸術〉」に到達し得ないことだったということになるとすれば、つまり、彼らの芸術あるいは彼らの実践の中にしばしばそのような腐心が、そしてかくも多くの理論的に期するところがあるとすれば、それは、そこに賭けられているのが彼らの同一性（あるいは同一性の不在という眩暈）に他ならなかったからである。

だが、さらにつぎのことがある。この視点からするとき、ドイツの歴史を支配してきたのは、ダブル・バインドの（すなわち、相矛盾する二重の命令であり、ベイトソンがそれを通して

——この点においてフロイトにしたがいつつ——精神病の原因を説明するものの）仮借なき論理なのだとおそらくは言うことができるのである。この語の正確な意味において、ドイツをつねに脅かしたことになるだろうのは分裂病であり、かくも多くのドイツの芸術家たちがその力に倒れたということになるだろう。

なぜダブル・バインドの論理なのか？　それは、同一性を画定する手段の獲得が、古代人の摸倣を、つまり、何よりもまずギリシア人の模倣を経由しなければならず、かつ同時に、経由してはならないからである。それを獲得するにはそうしなければならぬ——なぜなら、ギリシア人のモデル以外のモデルは存在しないから（宗教的超越性が、それに対応していた政治構造とともにひと度崩壊してしまった以上そうなのだ——「神の死」を宣言したのはドイツ思想だということを、そして平均的ロマン主義は中世キリスト教団へのノスタルジーのうえに基礎づけられたということを思い起こされたい）。それを獲得するにはそうしてはならぬ——なぜなら、このギリシアのモデルはすでにさまざまな他者のために役立ったものであるから。この相矛盾する二重の命令に、いったいどうやって応ずればよいのか？

ドイツ文化の総体の内部には、たぶん、二つの解決策があったということになるだろう。何よりもまず理論的解決策、つまり、正確を期すなら、思弁的解決策である。これは弁証法によって、すなわち、保持と抹消の論理、上位の同一性への昇格の、そして矛盾の解決一般の論理によってもたらされた解決策だ。ヘーゲルがその最も明白かつ（おそらく）最も厳密な代表者だが、彼は、「思弁的観念論」の時代そのものにおいて、この解決の一般的図式の独占権を握っているわけではない。このような解決は、他方において、とりわけマルクスへの道を切り開いている。この弁証法的解決策が表現しているのは、おそらく、ニーチェが考えていたのとは反対に（とはいえ人は、同一性の強迫観念がどのような地点にまで彼を導いたかを知っている）、ある「健康」への希望なのである。しかし、われわれはここでは、この第一の道に拘泥しているわけにはいかない。

もう一方に、美学的解決策が、あるいは美学的解決策への一つの希望があったということになるだろう。そして、それにこそわれわれはこだわってみたいと思う。なぜなら、この解決策こそは、国民－社会主義的な「病い」において無意味なものではないからだ。

その原理とはどのようなものか？

それは、その時点までに（つまり、フランス新古典主義において）利用されてしまったのとは別のギリシア人の力に訴えるというものだ。すでにヴィンケルマンはつぎのように述べていた――「われわれには古代人を摸倣する必要があるのだ――もし可能ならば、われわれを模倣不可能なものにするために」[☆14]。しかし、つまるところ古代人のいったい何が、ドイツ人を根本的に差異化するような仕方で模倣され得るのかということは、まだ分かっていなかった。

周知のように、思弁的観念論とロマン主義文献学の黎明期に（つまり、十八世紀の最後の十年間に、イェーナにおいて、シュレーゲル、ヘルダーリン、ヘーゲル、そしてシェリングのあいだで）ドイツ人が発見したのは、実際には二つのギリシアが存在した、ということである。すなわち、一方に節度と明晰性の、理論と芸術（これらの語の本来の意味における）の、「美しき形態」の、男性的で英雄的な厳格さの、法の、都市国家の、白日のギリシアがある。そして他方、埋もれた、夜の、昏い（あるいはあまりにもまばゆい）ギリシア、一体主義《ユナニミスト》的典礼や血なまぐさい供犠や集団的陶酔、死者たちと〈母なる大地〉への崇敬をそなえたアルカイックで野性的なギリシアたるギリシア——要するに、神秘的なギリシアがあるのであり、前者はこちらのうえに（それを「抑圧する」ことによって）なんとかみずからを打ち建てたのだが、この神秘的なギリシアは、最終的な崩壊に至るまでのあいだ、とりわけ悲劇および諸神秘宗教の中につねにひそかに現前し続けたのである。「ギリシア」のこのような二重化によってこそ、

☆14 《Sur l'imitation de la peinture et de la sculpture des Grecs.》

人は全ドイツ思想の内部の痕跡を辿ることができるのだ——たとえば、ヘルダーリンによるソフォクレスの分析あるいは『精神現象学』から発して、バッハオーフェンの『母権論』やローデの『プシュケー』、あるいは『悲劇の誕生』を構造化しているアポロン的なものとディオニュソス的なものの対立を経由しつつ、ハイデガーへと至る痕跡を。

むろん、われわれは事をいささか単純化している。このような二重のギリシアについてのさまざまな記述のすべてがたがいに一致しているわけではないし——事実はそれには遠い——、ある著者から別のある著者へかけて、評価の諸原理はほとんどの場合とても顕著に異なっている。けれども、ある種の平均値を（勝手に）出してみるなら——そしてイデオロギーもこれと別のやり方で事を運ぶことはあるまい——、この発見は一般的にいくつかの決定的帰結を伴っていると言明することができる。

われわれは、その中から四つを取りあげることにしよう——

1　この発見は、当然、ある新しい、未聞の歴史モデルを推進することを可能にし、新古典主義的なギリシア（フランス的なギリシア、それどころかより古くは、ローマ的およびルネッサンス的なギリシア）からみずからを解放することを可能にする。このことは、同時に、ギリシアへのドイツの同一化を正当化する。注意すべきなのは、この同一化が何よりもまずギリシア語へのドイツ語の同一化のうえに基礎づけられていただろうということである（はじめは、当然すべてが文献学的なのである）。

　そのことが意味しているのは、この同一化が専ら別のギリシアにむけて、すなわち、忘れられた神秘的なギリシアにむけて行なわれたなどとあまりに単純に考えるのは、誤りだろうということだ。なるほど、いつでもその類のことが少しはあった。しかし、これからわれわれが語るいくつかの理由から、その類のことが排他的に起きたことは決してない。ギリシアへのこの同一化がバッカス祭という特権的形態をとったことは一度もなかったのである。

　そのことはまた、他方において、はじめは殊に言語に関するものだったこのタイプの同一化が、まさしくある「新たなる神話体系」というスローガン（一七九五年におけるヘルダーリン、ヘーゲル、シェリング）と、あるいはある「未来の神話」の必要不可欠な構築というスローガン（一八八〇年代におけるヴァーグナー経由のニーチェ）と結びついたということを意味している。実際、原初のギリシア語の本質、ミュトスの本質とは、ドイツ語と同じように、それ自体言語的に規定された一民族のために象徴化を行なうことができるという点に、そしてそのことを通して「導きの神話」を産出ないし形成することができるという点にあるのである。同一化が経由しなければならないのは、したがって、一個の神話の構築なのであって、古い神話のあれこれへの単なる回帰ではない。シェリングからニーチェに至るまで、この種の試みの例に事欠きはしない。

その結果、神話の構築は、たとえそれが詩という要素の内部でなされるとしても、必然的に理論的かつ哲学的なものとなるだろうし、こう言ったほうがよければ、意識的なものとなるだろう。したがってそれは、例えばヴァーグナーの『指輪』やニーチェの『ツァラトゥストラ』におけるように、アレゴリーのモデルを借りてこなければなるまい。こうして、原初の神話的産出の豊饒さ（それは無意識的なものである）と、理性的思考、ロゴス、啓蒙的知性等々の抽象的普遍性との対立措定は、弁証法的に乗り越えられたということになるだろう。シラーが『素朴文学と感傷文学について』のその試論の中で設定した図式にしたがえば、近代的神話の（あるいは同じことに帰着するが、近代的芸術作品の）構築はつねにある弁証法的な過程の結果として考えられることになるだろう。そして、だからこそ、われわれが「美学的解決策」と呼んできたものは理論的ないし哲学的解決策と切り離し得ないのである。

2　これと同じ（弁証法的）論理は、同一化のメカニズムと呼び得ようことの内部でも働いている。この点に関しては、それぞれのギリシアについて行なわれた利用法をきわめて厳密に区別する必要がある。

「神秘的な」――事を手早く進めるためにあいかわらずそう呼んでおこう――ギリシアは一般的に、直接一つのモデルを提供するのではなく、むしろ一つの手立てを、つまり、同一化を保証しかつ機能させることができるようなエネルギーを備えた観念を提供する。それは要するに、同一化を促す力〔*force identificatoire*〕を提供する役割を担っているのだ。だからこそドイツの伝統は、神話的模倣に関する、すなわちミメーシスに関するギリシア的かつ古典的な理論に、たとえばプラトンにおいては結局のところ萌芽状態にすぎなかったもの、つまりは神秘的な融合ないし分有の（別のコンテクストにおいて、レヴィ＝ブリュールならメテクシス〔融即〕のと言うだろう）[☆15]理論をつけ加える――あるいは強い執着をこめて展開する――のであり、ニーチェの記述するようなディオニュソス的経験こそは、実のところ、その最良の例を示しているのである。

しかし、そのことは、模倣すべきモデルが神秘的な未分化状態から無媒介的に生ずるということ、あるいは無媒介的に生ずるとかつてと同じように考えられるということを意味しているわけではない。事は反対である。つまり――ニーチェ的土壌にさらにとどまるなら――ディオ

☆15　*Les carnets*, Paris, PUF, 1949 を参照。

ニュソス的発露において、そしてこの発露の結果として、出現するのはある象徴的イメージ、それも「夢の映像《イメージ》」に似た――とニーチェは言う――それなのだ。このイメージは、実際にはギリシア悲劇の舞台上のイメージ（登場人物、と言うよりむしろ、形象、*Gestalt*）である。このイメージは「音楽の精神」から湧き出てくるのだが（音楽とは、ディドロもそのことを知っていたように、発露の環境《エレメント》そのものなのだから）、しかしそれは、アポロン的形象の抵抗に対するこのディオニュソス的原理の愛に満ちた闘争から弁証法的に産み出されるのである。モデルないし類型とは、したがって、ディオニュソス的なものとアポロン的なもののあいだのこのような妥協の形成のことである。こうして、ギリシア人の悲劇的な英雄精神、ニーチェによれば（そしてこのモティーフが忘れられることはない）その大部分をドーリア人――彼らはオリエントの神秘思想が宿命的に惹き起こしつつあった致命的崩壊を前にして昂然としていられることを示した唯一の人である――の北欧への入植に負うている英雄精神が何であるかが、たしかに説明されるわけである。

3　こうしたことすべては、芸術に関するドイツ的問題系において演劇および音楽劇に付与された特権、つまり、あらゆる芸術形態のうちで同一化のプロセスを始動させることのできる最良のものたる悲劇と悲劇祭との反復に付与された特権を説明してくれる。ヴァーグナーが、はるかにゲーテ以上に、ドイツのダンテ、シェイクスピアあるいはセルバンテスだと見なされることになるのは、だからなのだ。また、だからこそ彼は、バイロイトの創設とともにある政治的目標を意図的に狙うことになる。すなわち、祝祭と劇的儀式によるドイツ民族の統一という目標を（これは、悲劇的祭式において行なわれる都市国家の統一と比較し得る統一である）。そして、この根本的な意味＝方向性においてこそ、一個の「全体的芸術作品」という要請を理解しなければならない。この全体化はただ単に美学的であるだけではない。それは政治的なるものの方へ合図を送っているのである。

4　してみると、いったいなぜ国民‐社会主義が表現したのが、ベンヤミンの言っていたように、単に「政治の美学化」だけではなく（それに対してならブレヒト流に「芸術の政治化」をもって応えれば充分であっただろう——というのも、そのこともまた全体主義は完全に引き受け得るからだ）、政治と芸術の融合、すなわち芸術作品としての政治的なるものの産出であったのかということがおそらくよりよく理解される。すでにヘーゲルにとって、ギリシア世界は「芸術作品としての都市国家」の世界であった。だが、ヘーゲルにおいてはギリシアへの二つのタイプの参照関係のうちの第一のものの中に依然として捕らえられたままでおり、しかもいかなる模倣の提示にも場を与えないものが、今や第二のタイプの参照関係によって乗り越えられ、産出への誘《いざな》いないし挑発と化すのだ。ナチ神話とは、ジーバーベルクが見事に示してみせたように(『ヒットラー、あるドイツ映画』がなかったら、われわれがここで試みている分析も可能ではなかっただろう)[☆16]、一個の芸術作品における、芸術作品による、そして芸術作品としての、ドイツ民族の構築であり形成であり産出なのである。これこそが、先ほど想起したヘーゲル的参照関係からと同様に、フランス革命や帝政に固有の単なる美学的な「引用」(だがこの集団的現象は、にもかかわらず兆し始めていた)から、さらにはイタリア・ファシズムからさえ、ナチ神話を根源的に区別する点なのである。

ナチ神話の構築

ようやくナチ神話の内容そのものに言及する時がきた。ここまで述べてきたところにしたがって、問題となるべきなのはナチズムによって利用された諸々の自由に処理できる神話なのではなく（あるいは問題となるとしてもそれはごくわずかである）、むしろある新たなる神話の構築、すなわち、われわれが今しも想起させた歴史がそこにおいてみずからを発効させる［se mettre en œuvre］、あるいはより正確に言えば、完成した作品［œuvre］としてみずからを提示するに至る、そんな構築である。

　そのような神話の構築は、十九世紀の終わり以来、そして単にドイツにおいてだけでなく、きわめて大雑把に素描されたアーリア神話に先立たれてきた。しかし、われわれはここではその点に立ち戻ることはできない。われわれの注意を引くべきは、ナチ神話に特有の構築である。それはつまり、ナチ（党員）たちの神話をではなく、ナチズムを、神話としての国民－社会主義そのものを表現しているところのものに特有の構築、ということだ。ナチズムの特性とは（また多くの点でイタリア・ファシズムのそれは）、おのれ自身の運動、おのれ自身のイデオロギー、そしておのれ自身の国家を、一個の神話の実効性ある現実化として、あるいは一個の

☆16　しかし、だからといってこれは、その最近のノスタルジックな親プロシア的（さまざまなネオ－ロマン主義のうちで最も月並みなものに応じた）――そしていま一度不幸なことに反ユダヤ主義的――宣言におけるまで、われわれがジーバーベルクにしたがっているなどということを意味するものではない。

生きた神話として提示した点にある。それは、ローゼンベルクがつぎのように語っているとおりである――オーディンは死んだ、しかし別の仕方で、ゲルマン魂の本質として、オーディンはわれわれの眼差しのもとで蘇るのだ、と。

これからわれわれは、そのような構築をローゼンベルクの『二〇世紀の神話』、およびヒットラーの『わが闘争』を通して再構成することを試みようと思う。前者が出版されたのは一九三〇年であり、後者の方は一九二七年だが、われわれは右の順序にこの二つを位置づけることにする。というのも、後者は、言うまでもなく、そのおよそ最も直接的な射程において、実際に具現化されたプログラムを表現するものだからである。反対に、ローゼンベルクの本はこのプログラムの最も著名な理論的伴行物の一つとなっている。それは唯一のものではないし、それに、すべてのナチ党員に全面的に受け容れられたわけでもない（特にその反－キリスト教の激烈さにおいて）。けれども、それを読むことは実際には義務だったのであり、われわれの用いている版、一九三四年のそれは、第四二版、部数にして二〇万三〇〇〇部にも相当するのである……（われわれが使った『わが闘争』の刊本が、一九三六年の第一八四版、部数にして二二九万部だというのも事実ではある……）。

歩を止める時間を持たねばなるまいのは、多くの点でたがいに似通っているこの二冊の本の

（こう言ってよければ）文体の前にである。その構成においてもそれが実践している口舌においても、この二冊の本はつねに断言の積み重ねによって事を進めており、論証によってそうすることは、決して、あるいはほとんどない。それは、諸々の明証事（少なくともそのようなものとして差し出されたもの）と倦むことなく繰り返される諸々の確信の集積、それもしばしば支離滅裂な集積である。人は、なにかある観念を鍛造すると、分析することも、異論を検討することも、典拠を示すこともせずに、その観念に都合がよいと思われ得るあらゆることよってその観念を支えるのである。そこには確立すべき知も、勝ち取るべき思考もありはしない。行なわれるのはただ、すでに獲得済みの、全面的に自由に処理し得る真理を宣言することだけなのだ。要するに、すでにこの面において、人はロゴスではなく、一種の神話的発話を暗黙のうちに引き合いに出しているのであり、この神話的発話は、だからといって詩的なものではなく、おのれ自身の断言＝肯定の剝出しで尊大な力の中にその手立てのすべてを求める態のものなのである。

この「文体」は、ローゼンベルクの提示する神話についての「思考」に対応している。実際、彼にとって神話とは何よりも、われわれがこの語によって指し示している特有の形成作用、すなわち、一個の起源を象徴する語り《レシ》の形成作用なのではない。神話的な語りの数々は神話の時代に、つまり、ローゼンベルクにとっては、「自然の憂いを知らぬ象徴化」（二一九［一七一］頁）[*4]の時代という過ぎ去った時代に属している。あらゆる良き実証主義者、科学万能論者ないし **Aufkläer**［啓蒙主義者］と同様に――そしてこの点に関してはほとんどロマン主義的でない仕方で――、ローゼンベルクはこの時代を原始的で素朴だと判断しているのである。それゆえ彼は、神話体系のゲルマン的諸源泉に立ち戻ろうとする人々を批判する（同じページで、『エッダ』[*5]に立ち戻ろうとするのは時間の無駄だと言われている）。ヴォータン信仰は死んだのだし、死ぬべき運命にあったのだ（六、一四、二一九［六、一七、一七一］頁を参照）。神話とは、したがって神話学的なものではないということになる。神話とは、厳密に言えば、事物や対象あるいは表象以上の、一つの潜勢力なのである。

こうして、神話は一個人あるいは一民族の根本的な力と方向の数々を結集する潜勢力、地下に隠れた、目に見えぬ、非経験的な同一性の潜勢力である。これこそが、ローゼンベルクが諸々の「限界なき絶対者」（二二［二〇］頁）と呼んでいるものの、そして哲学のあらゆる〈神〉ないしあらゆる〈主体〉――デカルトのそれと同時にルソーのそれ、あるいはマルクスのそれ――であるところのものの一般的で血肉を欠いた同一性との対比において、真っ先に理解されるべきことである。抽象の中に解消されてしまったそれらの同一性に対立して、神話は固有なる差異としての同一性を、そしてその断言＝肯定を指し示すのだ。

しかしまた、そして何よりも、神話はこの同一性を、一つの事実としても言説としても与えられることはないが、しかし夢見られる何ものかの同一性として指し示す。神話の潜勢力とは、本来的に夢の潜勢力、人がみずからをそれに同一化する一つのイメージを投影する潜勢力なのである。絶対者とは、実際、私の外部に措定されるような何かではあり得ず、それは私がみずからをそれに同一化し得るような夢のことである。そして、もし今日、「神話的覚醒」というのがあるとすれば――とローゼンベルクは言う――、それは「われわれがわれわれの起源の夢の数々をふたたび夢見始めている」からである（四四六［三六五］頁）。起源の夢の中では、問題

＊4　以下の頁数は著者による引用頁数である。邦訳については［　］内に該当頁数を示した。邦訳はつぎのものを参照した。『二十世紀の神話』、吹田順助＋上村清延訳、中央公論社、一九三八年。『わが闘争』、上・下巻、平野一郎＋将積茂訳、角川文庫、二〇〇一年改版。

＊5　『エッダ』Edda は、七世紀（あるいは九世紀）から十三世紀にかけてノルウェーおよびアイスランドで成立した作者不詳の歌謡集。北方の神話、英雄伝説をとどめる第一次資料で、たとえば前出のオーディンの占める位置は全篇を通じて大きく、「ヴェルスパ」と題された詩篇はヴァーグナーの『神々の黄昏』の下敷きともなった。

なのは夢の神話的で磨滅した形態たるヴォータンだのヴァハーラだのではない。そうではなく、この夢の本質そのものが問題なのである。われわれはすぐに、この本質がいかなるものかを見るつもりだが、それはつぎのような言葉によってすでに告知されている――「ヴァイキングは、ただ単に他の数多あるような勝ち誇った戦士ではなかった。彼らは名誉と国家を、支配することと創造することを夢見ていたのである」（同［三六五］頁）。ところで――とローゼンベルクは明言する――、ドイツはそのようなものとしていまだ夢を見ていない、ドイツはいまだみずからの夢を夢見ていないのである。彼はラガルデを引用している――「ドイツ国家というものは、かつて一度も存在したことはなかった」。神話的同一性は、つまりは真の――そして力強い――ドイツの同一性は、いまだ存在しなかったのである。

　こうして、神話の真実はつぎの二つの事柄に関わっている――

　1　信仰に。つまり、神話を真実なものたらしめるのは、夢見る人のみずからの夢への加担である。「一つの神話が真実となるのは、ただそれが人間をまるごと捕らえたときのみである」（五二一［四一四］頁）。ある全面的な信仰が、すなわち、夢見られた形象への無媒介的かつ留保なき加担が必要なのだ――神話が神話となるためには、あるいはさらに、こう言ってよければ、そのような形象が形をなすためには。そこから生じてくるのがつぎのような重大な帰結である。すなわち、この意味における「信ずる者」にとって、信仰への民族の隷属、象徴−神話的な宣伝攻勢は、ただ単に実効性を持つ技術であるだけではなく、真実の尺度でもあるのである（ちなみに、ヒットラーが大衆のプロパガンダの必要性を説いたページの数々のことは知られている）。

2　神話が、あるいは夢が、その本性からして、そしてその目的として、何かある形象のうちに、あるいは何かある類型のうちにみずからを血肉化するものだということに。神話と類型は、たがいに分かちがたいのである。というのも、類型とは夢によって胚胎された特異な同一性の現実化であるからだ。それは、同一性のモデルであり、かつ同時にその同一性の現前化され、実効性のある、形づくられた現実なのである。

こうして人は、神話の構築におけるある本質的シークエンスに辿り着くことになる——ローゼンベルクはこう宣言するのだ——「魂の自由とは *Gestalt* である……」（五二九［四二〇］頁）（すなわち形態、形象、布置のことだが、ということはつまり、それは何ら抽象的なもの、一般的なものではなく、形象にする能力、血肉化する能力だということである）。「*Gestalt* はつねに造形的に境界づけられている……」（その本質は一つの形態をそなえていること、みずからを差異化していることであり、「境界」とは、この場合、ある形象＝図［figure］を地［fond］

から浮かび上がらせ、ある類型を分離し、区別する境界のことである)。「この境界づけは人種によって条件づけられている……」(かくて人は神話の内容に到達する——人種とは、ある形成の潜勢力をそなえた、ある特異な類型をそなえた同一性である。人種とは、神話の担い手なのだ)。「だがこの人種こそは、一つの限定された魂の外面的形象である」。

この最後の筆致は、ローゼンベルクのライトモティーフであり、かつヒットラーにおいて至るところに多かれ少なかれ明白に見出されるものだ——人種、それは魂であり、しかもある種の場合には天才的な魂(『わが闘争』三二一[上巻三八一]頁)、すなわち、類型をよりよく表現しあるいはよりよく形成する諸々の個別的差異が、そして諸々の天才的個体が、その内部に存在してもいる、そんな天才的な魂なのである。これが意味しているのは、したがって、まさしく「人種」とは何よりもまず神話的潜勢力の原理と場であるということだ。ナチ神話が何よりも「人種」の神話として規定されるのは、それが〈神話〉の神話であるから、つまり、神話一般を創造する潜勢力の神話であるからなのである。それはまるで、諸々の人種がそれ自体、何よりも、ある優越する潜勢力によって夢見られた類型であるかのようだ。ローゼンベルクはさらにラガルデを引用している——「諸国民[nations]とは神の思考である」と。

絶対的かつ具体的な特異なる同一性としての、すなわち神話の現実化としての、このような類型の論理――これこそが、雑種が「堕落」したものであるのに対して、同じ類型内においてしか交尾しない動物の種がいるという例をあげて、ヒットラーが苦心惨憺して正当化している――しかも実にすばやく、というのも、実のところ彼は真の実証的正当化などというものは意に介していないからだ――ことである。

この点に関して、重要なのは、ユダヤ人はただ単に劣悪な人種、欠陥を持つ類型であるだけではないということを指摘することである。それは反‐類型、すぐれて雑種なのである。それは固有の文化を持たず――とヒットラーは言う――、固有の宗教すら持っていない。というのも、一神教はユダヤ人以前のものだからである。ユダヤ人は *Seelengestalt*（魂の形態ないし形象）を持たず、したがって *Rassengestalt*（人種の形態ないし形象）を持たない――その形態［forme］は不定形［informe］なのだ。それは、特異で具体的な同一性の人間に対立する、抽象的な普遍的なるものの人間なのである。こうしてローゼンベルクは、ユダヤ人とはゲルマン人の「対蹠点」なのではなく、その「矛盾」なのだと明言するのだが、それが意味しているのはおそらく、ユダヤ人とは対立する類型なのではなく、あらゆる雑種形成――それはまた寄生でもある――の中に現前している危険としての、類型の不在そのものであるということだ。

こうして、次のような仕方で記述され得るメカニズムが設定されることになる――

1　必要なのは、さまざまな抽象的普遍物の（科学の、民主主義の、哲学の）脆弱さを前にして、そしてキリスト教と人間性に寄せる信仰という近代の二つの信仰（したがってこの二つはおそらく、ローゼンベルクがそう言っているわけではないが、人種の意味や神話の意味を喪失した時代に固有の、堕落した神話であり、たぶん「ユダヤ化した」、いずれにせよ貧血した神話である）の崩壊（一九一四年から一五年の戦争とともに完了した）を前にして、神話の力を目覚めさせることである。

2　必要なのはしたがって、まさしく神話の生産的ないし形成的な力として、そしてその発効［mise en œuvre］、つまり、みずからの神話への民族の能動的加担として特徴づけられることになるような、人種あるいは民族の力、すなわち *völkisch*[*6] な力を目覚めさせることである。この加担は、それ以降「神秘的」という名を手に入れることになり、ローゼンベルクは、単なる信仰を超えて、類型への全体的関与＝融即［participation］をその名によって指し示そうとする。かくて、彼はたとえばつぎのように書くのである――「一人種の、一民族の生命とは、論理的展開をする哲学でもなければ諸々の自然の法則にしたがって発達するプロセスでもない。そうではなく、それは一つの神秘的綜合の形成なのだ」（一一七［八五］頁）。

このことにより、哲学および知一般の彼方で、この神秘的な認知［reconnaissance］は *Erkenntnis*

というよりも *Bekenntnis*、つまり、認識〔connaissance〕というよりも「自認」〔《reconnaissance》〕、すなわち信仰告白という意味における告白〔confession〕となる。同様にして、そして哲学に似た対立措定にしたがって、ヒットラーは、問題なのは *Glaubensbekenntnis* を、すなわち信仰の表明ないし行ない＝祈りを産み出すことであると宣言している（『わが闘争』、五〇八〔下巻一一五〕頁）。

3　この信仰の行ない＝祈り〔acte de foi〕は、それぞれの民族にとって、その固有の神話に、つまりはその同一性の本源的な投影と投企に関わっている（したがって、ゲルマン人にとってはゲルマン的同一性にそれは関わっている）。しかし、この信仰の行ないはまさに一つの行為

＊6　《völkisch》は、「民族」＝《Volk》の形容詞で、本来は「民族の」を指すが、ナチ政権下において、きわめて特殊なイデオロギー的負荷とともに用いられ、広範な運動を牽引する概念として機能した。「民族（主義）的」「国粋的」といった日本語には限定され得ないその人種主義的－神話的－政治的意味作用の広がりと多層的コノテーションについては、たとえば George L. Mosse, *The Crisis of German Ideology. Intellectual Origins of the Third Reich*, Schocken Books,1981（ジョージ・L・モッセ『フェルキッシュ革命――ドイツ民族主義から反ユダヤ主義へ』植村和秀＋大川清丈＋城達也＋野村耕一訳、柏書房、一九九八年）を参照。

[acte] である。つまり、それはただ単に、少なくともこの語の通常の意味における精神的態度のうちにのみ存しているわけではない。神話への「神秘的な」関係は、生きられた経験（*Erlebnis*、当時の重大な概念だ）の領界に属している。「神話的経験」（ローゼンベルク、一四六［一〇九］頁）というのがあるのであり、そのことが意味しているのは、神話は生きられた［*vécu*］かぎりにおいてしか本物ではないということだ。同様にして、神話はある実効性をそなえた類型を形成するべきであり、信仰の行ないは無媒介的にこの類型の体験［le vécu］であるべきなのである。（そこから、さまざまな制服や身ぶり、パレード、儀式による熱狂といった神話的領界に属する諸象徴が、あらゆる種類の若者の運動や結社と同様に、ただ単に技術ではなく即自的な目的となるという事態が生まれてくる。つまり、それらの象徴は類型の全体的 *Erlebnis* という合目的性を具現化しているのだ。象徴体系はただ単に目印なのではない。そうではなく、それは夢の実現なのである。）

しかしながら、このような図式が完全なものとなるためには、一つの民族の、そして一つの類型の特有性に――それどころか特権に、それも絶対的な特権に――辿り着かねばならない。そのことは、つぎの二つの追補的規定を要請する――

1　人種、民族は血に由来するのであって、言語に由来するのではない。この断言は、ローゼンベルクとヒットラーによって絶えず繰り返されている。すなわち、血と大地、*Blut und Boden* だ（ヒットラーはそのことを、ドイツ語を教えても黒人をドイツ人にすることはできないと説明することによって、例証している）。多くの点で、この断言は、言語によって同一性を探求ないし再認する伝統（とりわけロマン主義的な）と対照をなしている。伝統の内部で権利回復要求された神話は、ロゴスに対置された本源的言語としてのミュトスにしばしばみずからを同一化する。ここでは反対に、神話がいわば血と化し、そして要するに、そこから血が迸る大地と化しているのである。この転位には、おそらくいくつかの理由がある——

——二〇世紀のいまだ実現されざる神話としてのドイツとは、もはや十八世紀までそうであったような言語の問題ではなく、物質的な、すなわち、領土的かつ国家的な統一性の問題である。「類型化」されねばならないのは大地（ドイツの無媒介的な自然）であり、またそれとともに、ドイツ人の血なのである。

——われわれがこれから見るように、アーリア神話が他の言語的諸領土（第一にギリシア語の、のみならずラテン語の、そして北欧語の）においても認められるとしても、その神話のうちに把握すべきなのは、言語の同一性とは別の同一性である。

——その特有性にもかかわらず、言語とはただちに普遍的なるものの要素に属するものである。少なくともそれは、もしそれが血によって養われていなかったら、形式的で実質なきままにとどまるものの味方につねにつく惧れがある。血とは、反対に、自然であり、自然淘汰（あるダーウィニズムを背景とした）であり、かくてそれは、差異、区別、個別化への意志であるところの「自然への意志」のモティーフ（『わが闘争』、三一一［上巻三七〇］頁、四二二［下巻四四－四五］頁）なのである（それゆえ、神話的同一性の数々のプロセスを産み出すのは自然それ自体である。その諸類型の中で夢を見ておりかつみずからを夢見ているのは、自然なのだ）。こうして、とりわけアーリア人の血が問題となるのであり、ローゼンベルクはその起源はアトランティスまで遡るとしている。

2　なぜアーリア人なのか？　それは、彼らが太陽神話の担い手であるからだ。北方の諸民族にとって太陽の光景がその稀少性にふさわしく印象的であるがゆえに、彼らがこの神話の担い手なのである。アーリア人神話とは、〈夜〉の諸神話に、冥界の神々に対立する太陽神話である。そこから、太陽にまつわるさまざまな象徴が、そして鉤十字《スヴァスティカ》が由来する。

なぜ太陽神話なのか？　この明るさの神話はローゼンベルクにとって神話一般の明るさを表わしていると充分な根拠をもって言えるだろう。たとえば、彼はこう書いている――「神話の経験は、太陽の白い光のように明るい」（一四六［一〇九］頁）。太陽の神話とは、さまざまな形態をその可視性において、その ***Gestalt*** の切り出しにおいてそれとして出現させるところのものの神話にほかならず、同時にそれは、それらの形態の形成そのものを可能にする力あるいは熱の神話である。換言するなら——そして光と〈正午＝南〉への崇拝について語られたことには立ち戻らずに済ますが——、太陽神話とは、形成する力そのものの神話、類型の本源的潜勢力の神話なのである。太陽、それは類型的な区別の源泉である。あるいはさらに言えば、太陽とは原-型＝アーキ-タイプ［*arché-type*］なのだ。アーリア人とは、単に他にも数ある類型のうちの一類型なのではない。それは、神話的潜勢力そのものがそこにおいて現前する（みずからを夢見かつ血肉化する）ような類型、すなわち、あらゆる類型の母なる自然なのである。この特権は、つぎの三つの主要な軸にそって展開される——

1　アーリア人とは、すぐれて文明の創設者である人、すなわち単なる「文明の担い手」（**Kulturträger**）とは対比される ***Kulturbegründer***（文明の創設者）ないし ***Kulturschöpfer***（文明の創造者）である。「わずか数千年のうちに、それどころかわずか数世紀のうちに、アーリア人は、その本質の内的諸特徴を初めから完全にそなえている文明の数々を創造した」（『わが闘争』、三一九［上巻三七九］頁）。この民族こそは、完成された諸形態を無媒介的に（そして要するに天才的に）創造する民族、あるいは血なのである。

2　古代の偉大なるアーリア人とはギリシア人、すなわち、神話を芸術として産み出した民族である。ギリシア人は彼らの魂に（彼らの血に）形を与えた。つまり、彼らはそこから *Darstellung*（現前化）ないし *Gestaltung*（形態化ないし形象化）を産み出したのである――芸術において、まさしく形態を絶対的に区別することにおいて。ギリシア人の芸術を前にして、人は *Formwillen* の経験、すなわち形態への意志の、ないし形態化‐しようとすることの経験をする。こうして芸術は、ギリシア人から出発して、そしてヨーロッパにとって、一つの即自的な目的、即自的な宗教となる。それはなにも、ここでは「芸術のための芸術」をとりわけ意味しているわけではない。そうではなく、それが意味しているのは、ローゼンベルクが「生を産み出す組織的な芸術」（四四八［三五八］頁）と呼んでいるものである。ヴァーグナーはこのような考察を重視しているが、それ以上に彼が重視しているのは、生を芸術として理解すること、同時にまた身体を、民族を、国家を芸術作品として、つまりは、意志の完成された諸形態として、夢見られたイメージの完遂された同一化の数々として理解することである。

3　近代世界の偉大なるアーリア人とはドイツの神秘思想家たち、なかんずくマイスター・エックハルトである（ローゼンベルクが身をゆだねているその来歴と諸作品の信じがたい誘惑には触れずにおこう）。というのも、エックハルトこそは、自由なる魂の神話を産み出すことによって、神話の持つ断固として近代的な可能性を開いた人であるからだ。魂の純粋な内面性（人種とはその外面性である）は、神秘体験において、宇宙そのものよりも大きくかつすべてのものから——何よりもまず神から——自由であるとみずからを感じ取る。神話はそのとき、そのまったき純粋性において表現される。すなわち、ここで問題になっているのは、みずからを形づくり、みずからを類型化すること、それも、自由なる絶対的創造者として（したがって自己‐創造者として）みずからを類型化することなのである。ローゼンベルクはつぎのように書いている——「オーディンは死んだ、そしてなお死んだままだ。しかし、かのドイツ神秘思想家は彼自身の魂の中に「高みにいる強き人」を発見したのである」（二一九［一七二］頁）。

魂ないし「人格」ないし「霊＝精髄［génie］」が、その最も固有なる「神話」として自分自身を見出しているのであってみれば、あるいはさらに、魂が自分自身の夢からみずからを産み出しているのであってみれば、つまるところそれは絶対的〈主体〉、自己‐創造者、すなわち、ただ単に認識上の位置（デカルトのそれのような）や精神的な位置（エックハルト）や思弁的な位置（ヘーゲル）をそなえているだけではなく、無媒介的かつ絶対的に「自然」な一つの位置において、つまりは血においてそして人種において、それらの限定すべてを結集させかつ超越するであろう、そんな主体である。アーリア人という人種は、してみれば、〈主体〉というものである。この人種のうちでこそ、「〈国民《ネーション》〉というあの集団的かつ神聖なるエゴイスム」（ヒットラー、一九三三年のあるインタヴュー）において自己‐形成が実現され、血肉化されるのだ。

それゆえ、この「魂」とその *Gestaltung* という中心的モティーフは、結局、つぎの点に要約される。第一に、血による創造と文明化する支配。第二に、血の保護、つまりは名誉。最終的には、愛と名誉のどちらを選ぶかという唯一のあり得べき神話的選択しかない（ローゼンベルク、一四六［一〇九］頁を参照）。アーリア人による、あるいはアーリア人を作る起源的な選択――それは人種という名誉の選択なのである。

以上のような構築の根本的諸特徴の大部分は、すでに見ることができたように、ヒットラーにおいて再び見出されるものである。だが、それらの特徴はヒットラーにおいて、今度は全面的に現代的で政治化され技術化された神話構築のヴァージョンとして指し示され得るもののうちに、再び見出されることになる。

これは、『わが闘争』の呈示しているのは神話構築の断固として「実践的」ヴァージョンなのだと言っても同じことである。しかし、われわれは今や、「実践」はここでは「理論」の後に続くものではないということを理解している。すなわち、神話の論理が、その自己‐実現の論理、つまり、文明一般の自己‐実現としてのアーリア人種の自己‐実現の論理にほかならないとすれば、こう言ってよければ、実践は理論に内属ないし内在しているのだ。神話は、きわめて厳密に「国民‐社会主義」としてみずからを実現する。このことはいくつかの追補的な規定を伴う。われわれは締め括りにそれらを列挙することにしよう――

1　これ以後必然的となる闘争は、何よりもまず諸観念の闘争、あるいは「哲学的」闘争である（ヒットラーは神話については語らない――彼は近代的合理性の言語を話すのである）。「暴力」は、なにかある偉大な観念に支えられていなければ何もできないのだ。しかるに、近代世界の不幸と悪とは、個人と人類という、抽象的で血肉を欠いた無力な二重の観念である。それは、別の言葉で言えば、社会民主主義とマルクス主義ということだ。したがって――「国民‐社会主義のプログラムの主桁とは、個人についてのリベラルな概念、並びに人類についてのマルクス主義的概念を廃絶し、それらに代えるに、みずからの大地に根をおろし同じ血の鎖によって一つに結ばれた *Volk* の共同体の概念をもってすることにある」（一九三七年、帝国議会《ライヒシュターク》におけるヒットラーの言葉）。闘争は、神話の概念にほかならないこの概念の実効性ある現実化のための闘争であらねばならないのである。

2　闘争はしたがって、ヒットラーが哲学の伝統からその名を再び取り上げており、彼の言説内において神話の位置を占めているところのもの、すなわち、*Weltanschauung*、「世界観」

のための闘争である（実際に *Weltanschauung* に関する一つの公式機関が存在した）。ナチズムとは何よりもまず、「みずからの *weltanschaulich*［世界観に関する］イメージの形成と完成」（『わが闘争』、六八〇［下巻二九三頁］）、つまり、諸形態の創造者の、すなわちアーリア人のヴィジョンやイメージにしたがった世界の構築と形態適合化［conformation］である。「*weltanschaulich* な闘争」（同［下巻二九二頁］）は、どんな支配の企てでもよいというわけではない。それは、世界の形態適合化の企てなのである（たとえばアレクサンダー大王やナポレオンによるそれのような）。アーリア的世界は、アーリア人によって服従させられ搾取された世界よりも、はるかに優ったものとならねばならない。つまり、それはアーリア化した世界とならねばならないのだ（そしてだからこそ、すぐれて非‐類型であるもの、すなわちユダヤ人を、他のいくつかの堕落した類型とともにその世界から排除する必要があるのである）。*Weltanschauung* は絶対的に血肉化されねばならない。そして、それゆえに *Weltanschauung* は「その諸視覚＝直観［vues］、*Anschauungen* にしたがった大衆の生活全体の完全な転覆」を要請する（『わが闘争』、五〇六［下巻一一〇頁］）。*Anschauen*、すなわち、事物の核心に到達して存在そのものを形成する直観としての「見ること」、この能動的で実践的で操作的な「夢」の「見ること」が「神話‐類型的」プロセスの核心をなしており、かくしてそれは「千年帝国」の現実的な夢と化すのである。

3　だから***Weltanschauung***は絶対的に不寛容であり、「他のさまざまな党の傍らに並ぶ一つの党」として端役を演ずることはできない（『わが闘争』、五〇六〔下巻一一〇〕頁）。それは、単なる哲学的選択肢ではなく、政治的選択でもない。それは創造の、創造する血の必然そのものなのである。それゆえに、それは一つの信仰の対象たらねばならず、一つの宗教として機能しなければならない。信仰とはひとりでに湧き起こるものではない。それは大衆の中で呼び覚まされ、動員されねばならない。大衆とは何よりもまずさまざまな情動的動機に影響されやすいものであるだけに、「およそ最も見事な理論的概念形成といえども、もし***Führer***〔総統〕が大衆をそれへ向けて突き動かすことができなかったら、目的もなく価値もないままにとどまる」（『わが闘争』、二六九〔下巻二六四〕頁）のである。

（こうした《**weltanschaulich**》〔世界観に関する〕信仰の管理は、ヒットラーにおいては信念と術策とを切り離すことがおそらくいかに困難であるかを示すための、追補的研究を要求するだろう。彼は、自分のものであり、自分がそれに服従している信仰の論理をそのあらゆる帰結へと展開させ、それと同時に、自分自身の権力のためにこの信仰の持つ資源を暴力的に搾取する。だが、この搾取はそれ自体信仰の論理の内部にとどまっている――ドイツ人におけるアーリア的な夢を呼び覚ますことが、あるいは再び呼び覚ますことが必要なのである。人はおそらくヒットラー主義を、現代の大衆が持っている神話への使用権の明敏な――けれども、それ自体確信に満ちたものであるがゆえに、必ずしも破廉恥ではない――搾取だと定義することができるだろう。大衆の操作は単に一つの技術であるだけではない。それはまた一つの目的でもあるのだ――もし最終的に、大衆を操作し、そして大衆のうちにみずからを実現するのが、神話それ自体なのだとしたら。)

＊　＊　＊

われわれは単にある特有なる論理の襞を押し広げてみようと努めただけであり、したがって、格別結論すべきことがあるわけではない。われわれとしてはただ、この論理が、同一性への擬態的意志と形態の自己‐実現という二重の特徴において、どれほど深く西洋一般の体質に、そしてより正確には、この語の形而上学的な意味における主体というものの根本的体質に属しているかということを強調しておきたいと思う。ナチズムは西洋を総括しているのではないし、西洋の必然的帰結だというわけでもない。しかし、ただ単にそれを一つの錯乱として退けてしまうことも、単に過ぎ去った錯乱として退けてしまうことも可能ではない。道徳と民主主義への確信に包まれた心地よい安心などというものは、単に何の保障にもならないだけでなく、その可能性が歴史上の純然たる事故に由来したわけではないところのものが到来するのを、あるいは再来するのを見て取らない危険に人を晒すことにもなる。ナチズムの分析は、決して単なる糾弾の資料として構想されるべきではない。そうではなく、それはむしろ、われわれがそこを出自としている歴史の、包括的脱構築の一断片として構想されるべきなのである。

訳者あとがき
ミメーシスの政治、形象の政治

本書は、Philippe Lacoue-Labarthe & Jean-Luc Nancy, *Le mythe nazi*, Éditions de l'Aube, 1991の全訳である。

二人の著者の活動については、すでに多くを説明する必要はあるまい。単行本に限っても、フィリップ・ラクー゠ラバルトのものとしては『政治という虚構――ハイデガー、芸術そして政治』（浅利誠＋大谷尚文訳、藤原書店、一九九二年）、『虚構の音楽――ワーグナーの肖像』（谷口博史訳、未來社、一九九四年）、『経験としての詩――ツェラン・ハイデガー・ヘルダーリン』(谷口博史訳、未來社、一九九七年)が、また、ジャン=リュック・ナンシーのものとしては『無為の共同体』(西谷修訳、朝日出版社、一九八五年/増補改訂新版=西谷修+安原伸一朗訳、以文社、二〇〇一年)、『共同-体《コルプス》』(大西雅一郎訳、松籟社、一九九六年)、『声の分割《パルタージュ》』(加藤恵介訳、松籟社、一九九九年)、『侵入者——いま〈生命〉はどこに?』(西谷修訳編、以文社、二〇〇〇年)、『自由の経験』(澤田直訳、未來社、二〇〇〇年)、『哲学の忘却』(大西雅一郎訳、松籟社、二〇〇〇年)、『神的な様々の場』(大西雅一郎訳、松籟社、二〇〇一年)、『共出現』(大西雅一郎+松下彩子訳、松籟社、二〇〇二年)が、それぞれ見事な日本語に訳されており、デリダ以後(この表現が指しているのは、むろん、いかなる意味でも目的論的な時間性ではない)の哲学を強力に牽引するその思考は、単なる影響の範囲を超えて、この国でも広く受容-検討され、さまざまな実践へと送り届けられていよう。

たとえば、ナンシーの共同体論における「分有」[partage]概念はどうか。ごく日常的なフランス語の用法において「分割」「共有」「分け持つこと」を意味するこの言葉は、バタイユの「脱自=恍惚《エクスターズ》」を読み解くナンシーによって、存在が死というリミットに触れつつたがいにその有限性を曝し合い、いかなる高次の実体も支持する基底も欠いた場を出来させつつ、たがいに一つの特異性として交感し合う、そんな経験の名となった。この意味における「分有」は、コミュニケーション[communication]の概念を、そして共同体[communauté]

の概念をつねに問い直し続けるようわれわれに促すだろう。「分有」の原理にしたがうと、「われわれ」はいかなる先験的同一性にも送り返されず、社会的絆によって結ばれた集団であるよりも、むしろ「外」へ「共-出現」する複数性である（「特異性の背後には何もない」〔『無為の共同体』〕）。そして、そのコミュニケーションは、主体間の合一や融合ではなしに、つねにすでに他者による分有によって「空間化」された複数-特異存在たちの脱-臼〔dis-location〕の場における移行であり、したがって、その共同体は、「営み」〔œuvre〕の領域にではなしに、「中断と断片化と宙吊りのみを事とする」営みの不在＝「無為」〔désœuvrement〕のうちに生起する何かである。誰もその「主体」であることのできぬこの「分有」をそれとして介入させることによって、おそらくわれわれは今日、さまざまな社会的制度を再-問題化することができるはずだし、歴史認識における諸問題、とりわけ記憶や証言の問題系列に新たな視座をもたらすことができるだろう。

　あるいはラクー＝ラバルトが分析したハイデガーの「政治」。ラクー＝ラバルトによれば、一九三三／三四年のハイデガーの「転回《ケーレ》」は、通常考えられているような、ナチズムへの加担-失望-美学への撤退という一方向的変化と見なされるべきではない。ナチ党員としての総長演説「ドイツ的大学の自己主張」（一九三三年〔矢代梓訳、『三〇年代の危機と哲学』、平凡社ライブラリー、一九九九年、所収〕）と『形而上学入門』（一九三五年夏学期講義〔川原栄峰訳、平凡社ライブラリー、一九九四年〕）とのあいだには、断絶よりもむしろ、一貫性と螺旋状の深まりとでも言うべきものがあり、そこで生じているのは、政治からの撤退ではなく撤退においていっそう決定的に発動された政治なのである。総長演説においてアジテーションとして表明され、フライブルクでの講義において哲学的概念として再練成されたのは何か。それは、不在の起源を反復することによる民族的同一性の構築という歴史のプログラムである。大学における「精神的統率［Führung］に義務を負う」者としてハイデガーは、「われわれの意志はわが民族がおのれの歴史的負託を成就することにある」と言う。だが、「西欧の精神的エネルギー」が「終焉」し「狂気に息絶えんばかり」の時代にあって、「われわれ」が「あるべきところのもの」であるためには、「われわれ」は「みずからを再度、われわれの精神的－歴史的現存のはじまりの力のもとに置」かねばならない。この「はじまり」とは「ギリシア哲学の開闢」である。ところが、ハイデガーによれば、この「はじまり」とは、かつて「われわれの背後」に存在したものではなく、「われわれの行く手にある」もの、「すべての来たるべきものを」「あらかじめ［……］すでに越え去っている」ものなのである。これと同じ論理は、『形而上学入門』において、いっそう明確に断言されている。存在の問いを問うことは、ハイデガーによれば、「損傷と頽落のこの全行程を跳び越えて」ギリシア哲学の諸概念の「もとのままの呼称力を再び我がものに」することを通して、「われわれの歴史的－精神的現存在の元初を反－復し、それを別の元初へと変身させること」にほかならず、それは「歴史の決定的形式」ですらある。だがしかし、この「反復」において問題になっているのは、既存の確固たる同一性へ遡行しそれを模倣−再現することではない。そうではなく、そこで問題になっているのは、「真の元初というものが伴うはずの奇異なもの、暗いもの、不確かなもの」とともに、「元初がいっそう根源的に再び始められ」ることである。すなわち、起源における原−起源的なるもののミメーシスを通して行なわれる存在の問いの構築。この「反復」が「表現」しているのは、ラクー=ラバルトによれば、「生起することなしに生起したものへの同一化」の「モデル」、つまりは「過ぎ去っておらず、いまだ来たるべきものであるような一つの過去」、あるいは「実に偉大なため、未来のすべてを支配しており、かつ、これから現実化しなければならない、そんな一つのはじまり」という「モデル」なのである（**《La transcendance finie/t dans la politique》**, in *L'imitation des Modernes*, Galilée, 1986, p.173）。

このような「歴史の決定的形式」としての不在なる起源のミメーシス、かつて存在しなかった過去を未来へむけて反復するという捩れた思考の身ぶりは、しかし、ひとりハイデガーのみに関わるものではない。一九三三／三四年のハイデガーのみならず、それは、近代化のプロセスの中で、歴史の矛盾がある種の強度に達したとき、きまって姿を現わしてきた。ドイツ第三帝国のみならず、かつての「大日本帝国」の編成期においても、この身ぶりはさまざまな「伝統」の創出−捏造という形式をとって現象したし、また、この国においてごく最近「歴史修正主義」者たちのイデオロギーを誘導していたのも、同じ論理であっただろう。要するに、われわれはこの不気味な「起源のミメーシス」の論理から、いまだに手を切っていないのである。

こうして、やや乱暴にまとめれば、ナンシーの思考はその原－倫理的パースペクティヴにおいて、ラクー＝ラバルトの思考はその原－美学的パースペクティヴにおいて、哲学の政治に関する新たな問題系列の数々を設定してきたのであり、その問いの可能性は、いまだ多くの生産的批判の実践へむけて開かれていると言ってよい。

ところで、この二人が、いくつもの共同作業を実現してきたこともまた、よく知られているだろう。現在まで、共著としては、ラカンの批判的読解『文字の資格』（*Le titre de la lettre*, Galilée, 1972）、ドイツ・ロマン主義の基本文献を翻訳紹介しつつ分析する『文学的絶対』（*L'absolu littéraire*, Seuil, 1978）、そして本書『ナチ神話』の三冊が刊行されているほか、「政治的なるものについての哲学研究センター」の共同主宰（そこでの成果は『政治的なるものを再演する』（*Rejouer le politique*, Galilée, 1981）および『政治的なるものの撤退＝再描』（*Le retrait du politique*, Galilée, 1983）に纏められている）や、デリダをめぐる最初の大規模なコロック『人間の諸目的＝終焉』（*Les fins de l'homme : à partir du travail de Jacques Derrida*, Galilée, 1981）の組織など、その仕事はきわめて厳密であり、そのつど徹底したものである。フランスのみならず、同時代のヨーロッパの哲学的実践全体の中でも、貴重な例と言えるだろう。

だがそれでは、ここに読まれる『ナチ神話』の場合、二人の著者の企図はどこにあり、その賭札は何であるのか。

凝縮された多方向的喚起力をそなえるこの本の内容を繰り返すことは控えつつ、しかし、あえていくつかの目印を示しておけば、何よりもまず、ナチズムを「神話的同一化」の問題として分析する独自の視点がある。おそらくプラトン以来、ミュトスの領域は、そのフィクション的「形成術」の力において、それとして境界画定され、警戒されてきた。ミュトスは、つねに存在のある種の範例ないし類型を含み、かつ、その摸倣を促しさらには強制さえする力をそなえており、したがってそれは、「同一化の装置」として機能し得るのである。プラトンがそれをロゴスの支配下に置きコントロールしようとするとき、神話の同一化を促すフィクション構成作用は逆説的に浮き彫りになると言えよう。

だが、ミュトスとロゴスのこの対立は、単なる構造的二項性を形成しているのではなく、神話とその摸倣の問題もまた、非歴史的な機能性の問題には還元され得ない。著者たちの指摘によれば、それは、ルネッサンス期以来、ヨーロッパの全歴史の構成に関わってきた問題であり、とりわけドイツにおいて、それは民族的同一性の獲得そのものに関わる抜き差しならない問題だったのである。歴史的に見て、つねにギリシア−ラテン的なものの自己固有化に関して、ロマンス語圏諸国、とりわけフランスにいわば先を越され続けてきたドイツ的思考は、ドイツ観念論-ドイツ・ロマン主義の時代に、この問題を一気に解決しようとする。すなわち、歴史的-地政学的状況の中で同一性の欠如に苦しんでいたドイツ的思考は、「古代的モデル」の「独占権をフランスから奪いとる」だけでなく、それまで誰にも模倣されずにきたような「ギリシア」を「発明」することで、この欠如から固有性=本来性を出現させようとするのである。ヴィンケルマンから、シラー、シェリング、シュレーゲル兄弟、そしてヘルダーリンへと至る思考はすべて、この動機に貫かれている。ラクー=ラバルトの言うように「ドイツ的イミタティオがギリシアに求めているのは、まったき出現、まったき独創性のモデル——したがってその可能性——すなわち自己-形成のモデル」なのである〔『政治という虚構』、前掲邦訳書、一五二-一五三頁〕。

すでに前史を持つこうした「神話的同一化」の機能を、巨大な規模で、そして今度は単に文化的問題だけではなく、政治的-経済的-民族的諸問題の「最終的解決」のために再び発動させたのがナチズムである——こう言えば著者たちの主張をある角度から要約したことになるだろう。それら諸次元の錯綜した矛盾においてほとんど「分裂病」へ至りかねない限界的状況にあった「ドイツ民族」の同一性を、「芸術作品としての政治的なるものの産出」〔本書五九頁〕を通して再構築すること——これがナチス・ドイツの根本的テーゼであった。

ところで、ナンシーとラクー=ラバルトの分析のもう一つの重要なポイントは、この視点を、政治的なるものにおける「形象」[figure / Gestalt] の操作と結びつけていることだろう。「神話的同一化」の政治、ミメーシスの政治は、ナチズムの自民族中心主義と優生思想に極端に現われたように、一つの「形象」に——たとえば「アーリア人」という神話的形象に——排他的価値を付与し、それにむけて欲望の整流化とリビドーの備給を組織的かつ徹底的に行なう。一つの「形象」が政治的－経済的－文化的諸次元を貫通する可視的主体となり、その「血肉化」する力が、諸潜勢力を現働化しつつ一つの集団的運動を可能にするように、プログラムを行なうのである。そして、そのとき、この一つの「形象」へは整流化されないもの、すなわち、「形象化不可能」と見なされたものが、この政治にとっての「他者」として排除されることになる。「ユダヤ人」こそがその名である。実際、「魂の自由とは *Gestalt* である」と規定するローゼンベルクの宣言とは反対に、ユダヤ教の本質を規定しているのは、「表象の禁止」であり、神の「形象」の無限の遠ざかりである（著者たちの言葉によれば、ユダヤ人とは「類型の不在そのもの」「すぐれて非－類型であるもの」[本書六九、八〇頁] である）。ナチズムという極限的人種主義は、「ユダヤ人」を「形象化不可能なもの」として排除し、抹殺することで、つまりは、決して「形象＝図」[figure] の地位には浮かびあがれぬ不可視の「地」[fond] の次元に「ユダヤ人」を置くことで、「ゲルマン人」というみずからの「形象」の特権性を維持し、拡大し続けようとしたと言ってよい。

この地点、すなわち、神話的同一化と形象化可能性とが結び合う地点こそは、ナチズムにかぎらず、さまざまな人種主義的政治がそれとして実行される場所である。

たとえば、現在（訳者がこの文章を書いている今）、イスラエル－パレスチナで進行中の事態の動因となっているのは、いったいどのような「神話」であり、「形象」であるのか。事態は錯綜し、かつ流動的であり、安易な図式化を許さないが、それでも確実に言えることがいくつかある。大前提として確認しておかねばならないのは、イスラエル国家の成立とそれによる大量のパレスチナ難民の発生には、ナチズムを生み出した全ヨーロッパがその責任を負うべきであるということ、そして、ドイツ、イタリアとともに第二次世界大戦の一方の当事国であった日本もまたその責任を免れることはできないということである。戦後の「国際社会」において、この問題に責任のない国家など存在しないのだ。他方、現在のパレスチナ自治区の悲劇的状況が、二〇〇一年の「9・11」事件以後、アメリカ合州国が実行してきた「対テロ戦争」と深く連関しており、合州国政府の親イスラエル政策が事態を極端に悪化させていることは歴然たる事実である。しかも、ここでは、事態の記述に際して「テロリスト」という「形象」が歴史的経緯と文脈を無視して導入され、パレスチナ自治区へのイスラエル軍の破壊的侵攻に対するパレスチナ人（民間人）の死を賭した抵抗までが「テロ」と呼ばれているのである。

「テロリスト」という「例外者」に与えられる「形象」［figure］は、その「地」［fond］として、それ以外の「一般人」を持っているだろう。だが、この「地」は、はたして無色透明なものであるか。むろん違う。この「地」は現在、合州国内のメディアを総動員したキャンペーンからも明らかに見て取れるように、高度に政治的な備給を受けており、むしろ別の巨大な「形象」として姿を現わしつつある。この「形象」は、なるほど「テロリスト」ほど明瞭な輪郭を持ってはいないかもしれない。しかし、そうであるからこそ、それはいっそう広範に、そしてそれと目に見えぬ仕方で、確実に機能する。われわれの社会において、普遍性を装うこの特殊な「形象」は今、どのように形成され、どのように転移しつつあるだろうか。

＊＊＊

最後に、この翻訳書の成立過程で助力をいただいた方々に感謝したい。

誰よりもまず、浅田彰氏に。かつてこのテクストの存在を訳者に教え、翻訳を依頼してくださったのは氏であり、その結果は「批評空間」第Ⅰ期第七号（一九九二年一〇月）と第八号（一九九三年一月）に分載された。今回、単行本化に際して旧訳を全面的に改めたが、初出の段階で大きな誤りを避けられたのは目を通していただいた氏のおかげである。

また、この翻訳の経験がなければ、訳者がその後発表したパウル・ツェラン論（「灰の分有」「批評空間」第Ⅱ期第二号、一九九四年七月）や萩原朔太郎論（「朔太郎あるいは「退却」の教え」同、第Ⅱ期第二一号、一九九九年四月）は、おそらくかなり違う性質のものになっていただろう。その意味でも、この場を借りてあらためて心より御礼申し上げる。

ドイツ史に関するいくつかの固有名や特有語については、同僚の弓削尚子氏に確認をしていただいた。

そして、編集担当の竹中尚史氏にもまた。このテクストの重要性を訳者に再認識させ、現在入手困難な初出誌の訳文を書物にする企画を申し出てくださった氏は、訳者の態勢が整うのを辛抱強く待ち、訳稿の完成と同時に驚異的な速度と精度ですべての作業を完了させた。日本語の思考環境にとって不可欠なテクストを世に送り出し続けているそのご努力への敬意を、ここに記させていただく。

二〇〇二年四月十四日

守中高明

訳者紹介

守中 高明（もりなか・たかあき）　MORINAKA Takaaki

1960年生まれ。現在、早稲田大学教員。詩人。

著書に　『反=詩的文法——インター・ポエティックス』（思潮社，1995年），『脱構築』（岩波書店，1999年），『シスター・アンティゴネーの暦のない墓』（思潮社，2001年），『守中高明詩集』（思潮社，1999年），『二人、あるいは国境の歌』（思潮社，1997年），『未生譚』（思潮社，1992年），『砂の日』（思潮社，1991年）

共著に　『ドゥルーズ横断』（河出書房新社，1994年），『シュルレアリスムの射程』（せりか書房，1998年），『文化解体の想像力』（人文書院，2000年）

訳書に　デリダ『たった一つの、私のものではない言葉——他者の単一言語使用』（岩波書店，2001年），デリダ『シボレート——パウル・ツェランのために』（共訳，岩波書店，1990年），ドゥルーズ&ガタリ『千のプラトー』（共訳，河出書房新社，1994年），ラクー=ラバルト『藝術家の肖像、一般』（共訳，朝日出版社，1988年）

著者紹介

フィリップ・ラクー=ラバルト　Philippe Lacoue-Labarthe

1942年生まれ。ストラスブール大学教授。

邦訳書としては,『政治という虚構——ハイデガー、芸術そして政治』(藤原書店),『虚構の音楽——ワーグナーのフィギュール』(未來社),『経験としての詩——ツェラン、ヘルダーリン、ハイデガー』(未來社),『藝術家の肖像、一般』(朝日出版社)があり,他にも,ジャン=リュック・ナンシー編『主体の後に誰が来るのか?』(現代企画室),ミッシェル・ドゥギー編『崇高とは何か』(法政大学出版局)などにも,論考が収録されている。

ジャン=リュック・ナンシー　Jean-Luc Nancy

1940年生まれ。ストラスブール大学教授。

邦訳書としては,『共同-体《コルプス》』,『声の分割《パルタージュ》』,『哲学の忘却』,『神的な様々の場』,『共出現』(以上,松籟社),『無為の共同体』(以文社),『侵入者』(以文社),『自由の経験』(未來社),[『複数独異存在(仮題)』,『映画の明白さについて——アッバス・キアロスタミ論(仮題)』,『訪問(仮題)』は,松籟社より刊行予定],『主体の後に誰が来るのか?』(編著、現代企画室),などがある。

ナチ神話《しんわ》

2002年7月1日 初版発行

定価はカバーに
表示しています

著　者　フィリップ・ラクー=ラバルト
　　　　ジャン=リュック・ナンシー
訳　者　守中 高明
発行者　相坂　一

〒612-0801　京都市伏見区深草正覚町 1-34
発行所　㈱ **松　籟　社**
SHORAISHA (しょうらいしゃ)

電話　075 - 531 - 2878
FAX　075 - 532 - 2309
振替　01040-3-13030

印刷　㈱太洋社
製本　吉田三誠堂製本所

Printed in Japan

ISBN 4-87984-220-6 C0010

■ ジャン=リュック・ナンシーの作品

共同-体(コルプス)
ジャン=リュック・ナンシー著
大西雅一郎 訳

A5判上製・96頁・1300円

如何にして「身体 Corpus」に触れる言葉となりえるか。「魂の唯物論」—、ナンシーの思考は、吉増剛造の『オシリス、石の神』の詩一篇とともに、一挙に駆け抜けて行く……。

声の分割《パルタージュ》
ジャン=リュック・ナンシー著
加藤恵介 訳

A5判上製・112頁・1300円

ナンシーの代表作。解釈の閉域からパルタージュの共同体へ。パルタージュ[分割=分有]された複数の特異な声の対話による共同体(共同-存在)についての未聞の責務が開かれる。

哲学の忘却
ジャン=リュック・ナンシー著
大西雅一郎 訳

46判上製・160頁・1900円

ナンシーによる哲学の〈マニフェスト〉。いったい何が忘却されているのか? 哲学の省察的力なのか? それとも…? 哲学の置かれた状況と抱えている課題を徹底的に析出する。

神的な様々の場
ジャン=リュック・ナンシー著
大西雅一郎 訳

46判上製・320頁・2900円

神なき状態にあって、独異=単独的な有限者は複数的にしか自己でありえないような仕方において〈共にある〉。「キリスト教の脱構築」「ヒュペーリオンの悦び」を追加した独自の版。

共出現
ジャン=リュック・ナンシー
ジャン=クリストフ・バイイ 著
大西雅一郎・松下彩子 訳
46判上製・272頁・2600円

世界的内戦の真っただ中で、市場と法に全てを委ねる新自由主義やグローバリゼーションに抗して、コミュニズムの〈後〉を思考するナンシーの闘い。全訳・最新3論文追加。

ナチ神話
フィリップ・ラクー=ラバルト
ジャン=リュック・ナンシー 著
守中高明 訳
46判上製・104頁・1700円

極右諸勢力の扇動、歴史修正主義の現象、原理主義やナショナリズムの台頭…切迫した状況にいる2人の哲学者が、いかにしてナチ・イデオロギーが形成され得たかを省察する。

刊行予定(仮題)

◆ **複数独異存在**
ジャン=リュック・ナンシー著(加藤恵介 訳)

◆ **映画の明白さについて :アッバス・キアロスタミ論**
ジャン=リュック・ナンシー著(平野 徹 訳)

◆ **訪 問**
ジャン=リュック・ナンシー著(西山達也 訳)

2002年5月末現在 *表示価格は税別本体価格です。

構成的権力
アントニオ・ネグリ 著
杉村昌昭・斎藤悦則 訳

A5 判上製・520 頁・4800 円

ネグリのライフワークついに邦訳。反-暴力の暴力へ！　破壊的創造としての絶対的民主主義のために。マキアヴェリを橋渡しにマルクス論とスピノザ論を総合するネグリの代表作。

新たなる不透明性
J・ハーバーマス 著
河上倫逸 監訳
上村隆広・城達也・吉田純 訳
46 判上製・416 頁・3200 円

批判の命脈は尽きたのか?　コミュニケイション的行為理論、ポスト構造主義批判から、民主的法治国家論へのハーバーマスの展開。正義と法と民主制のディスクルス。

ノマドのユートピア
ルネ・シェレール著
杉村昌昭 訳

A5 判上製・216 頁・2400 円

下落したユートピアの理念を、ドゥルーズ／ガタリの思想を取り入れながら、現代に蘇らせ、障害者、同性愛者、ホームレス、外国人、病人たちとの、来たるべき共闘へと誘う！

闘 走 機 械
フェリックス・ガタリ 著
杉村昌昭 監訳

46 判上製・288 頁・2400 円

ドゥルーズとの出会いからフーコー論まで、資本主義、精神分析、第三世界、メディア社会、民族差別、麻薬現象、宗教的熱狂、前衛美術…を語るガタリの分子的思考の全面展開。

精神の管理社会をどう超えるか？
制度論的精神療法の現場から
フェリックス・ガタリ 他著
A5 判並製・296 頁・2800 円

ガタリの臨床の現場。わたしたちは制度〈病院、学校、会社…〉とどうつきあっていくか？　様々な具体的な取り組みの現場からの報告。心の監禁を解くために、思想と実践をつなぐ書物。

ドゥルーズ／変奏♪
ジャン=クレ・マルタン 著
毬藻充・黒川修司・加藤恵介 訳

A5 判上製・392 頁・4600 円

ドゥルーズを説明するのではなく理解することが重要だ。理解するとは同じリズムを分かちあうことだ！ドゥルーズという出来事の襞を明晰な手付で延べ広げる。序文ドゥルーズ。

大いなる語り
グアラニ族インディオの神話と聖歌
P.クラストル著
毬藻 充 訳
A5 判上製・144 頁・1500 円

『国家に抗する社会』で著名なフランスの政治人類学者クラストルと密林の思想家たちとの出会い。国家＝異民族文化抹殺＝生産の思想。〈一なるもの〉への拒否とたたかいの記録。

科学と 権力
先端科学技術をまえにした民主主義
I・スタンジェール著
吉谷啓次訳
46 判上製・160 頁・1680 円

科学技術の成果を、ただ受け入れることしかできないのか？　別の回路はないのだろうか？プリゴジンとの共著『混沌からの秩序』を表した科学哲学者が《少数者の対抗-権力》を追求。

現代フランス哲学
フーコー、ドゥルーズ、デリダを継ぐ活成層
エリック・アリエズ著
毬藻 充 訳
A5 判上製・280 頁・2900 円

ドゥルーズ、デリダを継ぐ様々な哲学的問いを、現象学と分析哲学の「不可能性」の視点から考察。日本未紹介の文献約 600 冊と、活躍中の思想家 118 人を取りあげている。浅田彰氏推薦。

尽き果てることなきものへ
喪をめぐる省察
ミッシェル・ドゥギー著
梅木達郎 訳
46 判上製・200 頁・1800 円

愛するひととの死別。〈この〉悲嘆を守り抜き、生者の記憶の中で死者をもう一度殺さぬために、喪をいたわり、喪を見張ること、喪を「尽き果てぬもの」たらしめることが深く省察される。

キリストへの道
ヤコブ・ベーメ著
福島正彦 訳
46 判上製・288 頁・3398 円

ドイツの神秘主義的哲学者ヤコブ・ベーメの主著の完全翻訳。万人の心の内奥にひそむ神性のはたらきを究めようとする内面的神秘主義が最も熟成し深化した心的過程のテクスト。

イディッシュのウィーン
メンデル・ノイグレッシェル著
野村真理 訳／解説
A5 判並製・128 頁・1800 円

戦間期ウィーン。ガリツィアからユダヤ人難民が押しよせた。そこでは、イディッシュ語の新聞・文学作品・劇場があった。戦間期ウィーンのユダヤ人社会の知られざる断面に光をあてる。

文学部をめぐる病い
教養主義・ナチス・旧制高校
高田 里惠子 著
46 判上製・360 頁・2380 円

仕事熱心な、〈二流〉の文化人たち、男たちの悔しさ、怨念、悲哀、出世欲、自覚なき体制順応から見た、《文学部》の構造とそのメンタリティ。
「朝日新聞」にて斎藤美奈子氏、書評。

文化としての生殖技術
不妊治療にたずさわる医師の語り
柘植 あづみ 著
A5 判上製・440 頁・2800 円

患者のために医師の行なう不妊治療が、どうして患者を苦しめるのか？日本の産婦人科医 35 名と患者へのインタビュー調査から明らかにする。
第 20 回 山川菊栄賞受賞作品。

場所をあけろ！
寄せ場／ホームレスの社会学
青木 秀男 編著
46 判上製・296 頁・2480 円

仕事にアブレ、ドヤから叩き出され、すべての居場所を奪われ、路上からすらも追い立てられる野宿者。新宿、釜ケ崎、山谷、寿町、笹島、神戸…寄せ場と野宿者世界の知の解体へ誘う。

脱構築と公共性
梅木 達郎 著
46 判上製・244 頁・2600 円

デリダとアーレントの共‐闘。公共空間の後退、そして解体の危機。この現在の状況に抗するために、未聞の新たな〈公共性〉、すなわち〈まったき他者たちの公共性〉を開く。

2002 年 5 月末現在　＊表示価格は税別本体価格です。